UN CATÉCHISME
AU GOÛT DE LIBERTÉ

Jacques Gaillot
Alice Gombault

UN CATÉCHISME AU GOÛT DE LIBERTÉ

L'Harmattan

De Jacques Gaillot

Chemin de croix, Desclée de Brouwer, 1991

Lettre ouverte à ceux qui prêchent la guerre et la font faire aux autres, Albin Michel, 1991

Monseigneur des autres (avec Catherine Guigon), Le Seuil, 1991

L'année de tous les dangers. Étranger et droit d'asile, Ramsay, 1994

Je prends la liberté. Entretiens avec Jean-Claude Raspiengeas, Grasset, 1995

Coup de gueule contre les essais nucléaires, Ramsay, 1995

Ce que je crois, Grasset, 1996

Carnets de route, Ramsay, 2005

D'Alice Gombault

Féminisme et/ou partenariat ? Recherches d'équilibre entre hommes et femmes, Plaquette éditée par Femmes et Hommes en Eglise, 1994

Rue de la Prévoyance. Essai sur la pensée de Pierre de Locht (en collaboration), Editions Feuilles Familiales, Belgique, 2001

Religions d'hommes – Regards de femmes (en collaboration), Editions Waxmann, 2008

5-7, rue de l'Ecole-Polytechnique, 75005 Paris

http://www.librairieharmattan.com
diffusion.harmattan@wanadoo.fr
harmattan1@wanadoo.fr

ISBN : 978-2-296-12439-4
EAN : 9782296124394

Introduction

La première édition de ce catéchisme publié en 2003 et aujourd'hui épuisée reprenait en les mettant en ordre une série de textes publiés sur le site de Partenia de 1997 à 2001. Ce fut le travail des trois principaux auteurs. Depuis l'un de nous nous a quittés, Pierre de Locht, mais sa pensée vigoureuse anime toujours ce livre. A l'occasion d'une nouvelle édition, fallait-il en profiter pour modifier et enrichir le texte initial ? A la relecture, l'ensemble nous a paru équilibré et intervenir trop lourdement risquait de nuire à la cohérence. De plus, nous nous sommes avoués mutuellement que la relecture de ce livre avait quelque chose de réconfortant. Nous avons donc seulement corrigé quelques textes jugés plus faibles ou trop abstraits et nous nous sommes livrés à un léger toilettage, en espérant un effet semblable pour nos lecteurs.

POURQUOI UN CATÉCHISME ?

Le mot « catéchisme » provoque souvent une réaction de refus chez nombre de chrétiens. Nous les avons connus, ces manuels, où « l'autorité » pose des questions qui ne sont pas les nôtres pour imposer les réponses. C'est même par réaction contre cet endoctrinement que beaucoup de catholiques ont cessé de l'être. Ils ont refusé cela pour leurs enfants.

Et pourtant, ce mot correspond à une attente : on veut connaître les positions des Églises. Mais on espère, non des définitions, mais un sens : un sens pour les hommes et les femmes d'aujourd'hui, en fonction de leur expérience ; un sens qui donne à vivre autrement, dans la confiance. Un sens qui permette de se situer autrement vis-à-vis du monde, des autres et... de Dieu.

En lui-même, le mot « catéchiser », venu du grec, signifie « faire écho », et en grec moderne, « haut-parleur ». Telle est l'intention de ce catéchisme : faire écho aux paroles de Jésus dans les conditions présentes de vie et de culture.

On peut comparer l'origine du christianisme au big bang des physiciens modernes : à l'origine du monde, il y aurait eu une explosion initiale dont notre univers est un immense écho. Jésus a provoqué cet immense écho chez ceux et celles qui se sont attachés à lui. Les hommes rêvaient et rêvent certes toujours d'un monde autre, mais en même temps ils en ont peur.

Il a fallu longtemps et de dures expériences pour que les disciples réalisent vraiment ce que Jésus entendait leur dire. Lui-même savait à quelles mutations profondes il les appelait ; il disait devoir les quitter pour que vienne « l'Esprit » qui leur enseignerait toutes choses.

À la mort de Jésus, les fausses attentes s'effondrent. Mais dans le même moment un monde nouveau n'est-il pas en train de naître ? Jésus ressuscité envoie l'Esprit promis. Les disciples de Jésus entrent en résonance avec lui et peuvent désormais y faire écho. Ils commencent à catéchiser. Au départ, nul ne songe à mettre cela par écrit. Jésus n'a d'ailleurs laissé aucun écrit. Quelques décennies plus tard, Paul, le converti, écrira à la première communauté de Corinthe : « Notre lettre, c'est vous, une lettre écrite en nos cœurs [...] Vous êtes manifestement une lettre du Christ confiée à nos soins, écrite, non avec de l'encre, mais avec l'Esprit du Dieu vivant. » Voilà la tradition vivante. Luc écrit à Théophile : «J'ai décidé, après m'être informé de tout depuis les origines, d'en écrire l'exposé suivi, afin que tu te rendes bien compte de la solidité des catéchèses que tu as reçues » (Le 1, 3-4).

À partir du IVe siècle, s'élaboreront des catéchèses pour ceux qui se préparent au baptême.

Les catéchismes tels que nous les connaissons sont apparus au temps de l'imprimerie. C'est Luther qui en a eu l'initiative. Il publie en 1529 un Petit Catéchisme et un Grand Catéchisme. Calvin publiera en 1541 le Catéchisme de Genève. C'est en 1566 que sera publié le Catéchisme de Trente.

Les catéchismes sont des manuels quelque peu différents suivant les confessions chrétiennes, les pays ou les diocèses. Citons : Catéchisme pour adultes, l'Alliance de Dieu avec les hommes, des Évêques de France[1] ; Catéchisme de l'Eglise catholique[2].

L'essentiel est toujours de « faire écho » à partir de l'Esprit de Jésus.

Si la succession des textes du catéchisme que nous présentons ne correspond pas à la répartition classique des dogmes et vérités à croire, ce n'est nullement par souci d'originalité, mais bien pour répondre à une nécessité .

Bien des chrétiens vivaient, jusqu'il y a peu, dans un milieu suffisamment homogène, où les vérités chrétiennes allaient de soi. Dans l'énoncé de la foi, on partait tout naturellement de Dieu, pour aborder ensuite la création, puis les sacrements et fêtes chrétiennes, pour en arriver enfin à l'homme et à ses engagements quotidiens.

Aujourd'hui pour beaucoup, et spécialement pour les nouvelles générations, l'existence de Dieu, de la création, de la personne de Jésus-Christ n'est plus évidente. C'est en partant de l'humain, des réalités quotidiennes des femmes et des hommes de notre temps que l'on s'interroge sur le sens de la vie, et sur l'existence éventuelle d'une présence

---

[1] Association épiscopale catéchistique, Paris, 1991, 450 pages.

[2] Mame-Plon, 1992, 680 pages.

transcendante au cœur de la condition humaine. Aussi l'aventure humaine conduisant à la prise de conscience et à la découverte de Dieu part-elle davantage des réalités de tous les jours, de la rue, par exemple, comme lieu où convergent toutes les réalités d'aujourd'hui.

Ainsi s'explique l'itinéraire, apparemment un peu décousu, dans lequel nous vous introduisons. Il s'agit de ne pas bloquer le lecteur dans un exposé sans fissures. Il est bon de laisser de l'espace pour la réflexion, la liberté de cheminement, dans l'ordre où chacun à envie d'aborder sa recherche.

Jacques Gaillot
Alice Gombault

I

ENTRER EN RELATION POUR EXISTER

Les mots « relation » et « religion » ont une racine commune : le lien, se relier, être relié. La religion a pour but d'assurer le contact entre l'humanité et le sacré. En christianisme, relation à l'autre et relation à Dieu sont intimement liées. Il n'y a pas de relation à Dieu qui ne passe par la relation à l'autre. Celle-ci est première ; elle est première parce qu'indispensable pour exister soi-même. Je deviens moi parce que je rencontre les autres. Devenir un homme, une femme, demande un apprentissage long et difficile. Ce n'est jamais donné à la naissance.

La vie ne jaillit et ne prend sens que dans la communication avec autrui depuis le berceau jusqu'à l'heure de la mort. Il nous faut prendre conscience de la densité humaine de cette expérience première et de son aspect créateur et vivifiant pour soi comme pour les autres.

C'est pourquoi le premier texte de ce catéchisme, de façon inhabituelle par rapport aux catéchismes classiques, part-il davantage des expériences et des lieux comme la rue, par exemple, où convergent les réalités d'aujourd'hui. Pourquoi la rue ? Parce que c'est le lieu par excellence des rencontres et des croisements de toutes sortes. La rue, c'est la sortie de chez soi, la sortie de soi pour retrouver les autres.

Tout ce qui s'oppose à une authentique relation appauvrit l'être humain et finit par le détruire. C'est le cas de la peur de l'autre telle qu'elle s'exprime dans le racisme, ou de l'intolérance qui peut aller jusqu'à l'exclusion. La tentation de rester entre soi, entre personnes ayant les mêmes idées et parlant le même langage, est grande. Mais la leçon que nous donne le récit biblique de la tour de Babel est bien de sortir de cet enfermement.

Pour favoriser et développer la relation, il est indispensable alors d'instaurer une ambiance de paix fondée sur la justice, de valoriser la fidélité dans toutes ses dimensions, de vivre heureusement sa sexualité - lieu d'une intime relation. Dieu lui-même n'est-il pas relation ?

Que de difficultés surgissent sur la route de la relation à l'autre, plus ou moins bien surmontées par le pardon et l'amour mutuel. Cette route ne s'achève que par la mort et, pour certains, par la perte du goût de vivre, souvent due à la solitude. Dans cette aventure ultime, il ne nous reste plus qu'à faire confiance, comme un enfant, et peut-être connaîtra-t-on alors une plénitude de communication ?

DESCENDRE DANS LA RUE

La rue est un tambour qui résonne de toutes les joies, de tous les malheurs de l'homme. La rue, lieu d'égalité par excellence, qu'aucune frontière ne délimite, mais où s'affichent comme nulle part ailleurs les inégalités les plus criantes, les plus déchirantes. C'est le lieu de la vraie vie, la peinture vivante, trépidante de toute société humaine. Car c'est de là que montent les rages et les désespoirs, les souffrances et les révoltes. C'est dans la rue que l'on crie à l'injustice, à l'incompréhension, que l'on se rassemble, que l'on s'unit, que l'on résiste aussi. C'est dans la rue que les faibles, les opprimés, les exclus et les délaissés se retrouvent, se rassemblent pour hurler leur détresse. De la tristesse et de la rancœur ? Pas seulement... Car dans ce chaudron de toutes les turbulences bouillonnent également les idées de liberté, de justice et de fraternité. C'est là, dans le plein air des villes, entre les murailles du confort, de l'égoïsme et de la peur, que l'on trouve ceux qui refusent de courber l'échine sous prétexte d'une quelconque fatalité socio-économique, ceux qui ne croient pas aux impératifs d'un temps censé être devenu obligatoirement inhumain.

Car l'humain est dans la rue. Le cœur du peuple de Dieu bat au ras du pavé, et l'Évangile pousse sans cesse à « sortir au dehors », invite en permanence à se confronter aux avancées chaotiques d'une société en perpétuelle évolution. L'ignorer, rester sur son balcon, refuser de se mêler à la vie qui s'écoule et bouillonne sous ses pieds... c'est comme se regarder dans un miroir brisé. Ce qu'on y voit n'est qu'un portrait faussé, émietté, de la réalité et de l'avenir.

Heureusement, des chrétiens prennent le risque de se mélanger directement, brutalement même, aux douleurs et aux allégresses, aux tragédies et aux fêtes de ce monde. Ils descendent dans la rue pour oser la solidarité. Ils se réjouissent que Dieu s'exprime depuis la rue.

LA PEUR DE L'AUTRE : LE RACISME

L'autre me fait peur, comme s'il portait un masque dérangeant : c'est le racisme. Je n'accepte pas la couleur de sa peau, sa manière de vivre, sa religion, ses choix. Ces différences m'agressent. Je les perçois comme des menaces. L'autre me renvoie une image que j'ai du mal à supporter, car elle ébranle mes certitudes. Cette image met en cause mon identité, mes droits. La peur de l'autre entraîne son rejet.

Le racisme sommeille en chacun de nous. Il ne disparaît jamais. N'allons pas croire qu'il n'existe que chez les autres ! Il suffit d'un déclic pour qu'il se réveille et prenne rapidement une place qui nous surprend. C'est ainsi, quand la société engendre un mal vivre avec une exclusion économique et sociale.

Les étrangers, spécialement les Maghrébins et les Africains, sont l'objet de discriminations. Obtenir des papiers, un travail ou un logement est plus difficile pour eux. Les contrôles d'identité sont plus fréquents lorsqu'on s'appelle Mamadou ou Mohamed. Des jeunes facilement reconnaissables à leur faciès se voient interdire l'entrée des discothèques.

Les gens du voyage souffrent de discriminations de plus en plus nombreuses et graves. Ils vivent dans la peur, car ils se sentent menacés dans leur existence. Où qu'ils aillent, ils sont de trop et partout indésirables. On veut les forcer à s'intégrer, alors qu'ils ont la vocation de ne se fixer nulle part. N'allons pas croire que le rejet des Tziganes ne nous concerne pas. Quand la loi criminalise les plus faibles dans la société, prenons garde. Demain, ce pourrait être notre tour !

On s'aperçoit aussi que l'antisémitisme n'est pas mort. C'est un sentiment qui perdure et se réveille sous des causes diverses. La répression israélienne dans les territoires occupés suscite chez les peuples arabes et en partie dans nos pays de l'antisémitisme.

L'exclusion offre un terrain favorable au racisme. Quand des gens voient leurs droits bafoués, ils ont du mal à respecter l'autre. Et c'est à ce moment-là que commence à fonctionner la logique du bouc émissaire. Ainsi, en période de chômage, on reproche tout naturellement aux étrangers de prendre notre place. D'où la nécessité de lier le combat contre le racisme au combat contre l'exclusion. On se bat contre le racisme et contre le système qui l'engendre.

Aujourd'hui, le racisme se banalise. On ne s'excuse plus d'avoir des réactions racistes, et il n'est pas difficile d'expliquer pourquoi on l'est devenu.

C'est alors qu'on se tourne vers les écoles, les associations, les religions... pour qu'elles jouent leur rôle éducatif à plein. Non seulement dans leur pratique du vivre ensemble, mais aussi dans la prise de conscience qu'avant d'être d'un pays, d'une culture ou d'une religion, nous sommes des citoyens du monde. Avant d'être du Nord ou du Sud, nous sommes des habitants de la planète. Avant d'être noir ou blanc, homme ou femme, nous sommes des êtres humains. Avant d'être des problèmes, nous sommes des personnes. Il y a plusieurs couleurs de peau, mais une seule race, la race humaine.

Une prise de conscience est encore à faire, qui n'est pas sans importance dans notre vie : en excluant l'autre, c'est quelque chose de moi-même que j'exclus. Comment puis-je accepter l'autre, si je ne m'accepte pas moi-même ?

S'OUVRIR À LA TOLÉRANCE

La tolérance est une valeur. en progrès Elle est plébiscitée et jugée indispensable pour le vivre ensemble. Près de 80 % des personnes interrogées dans les sondages disent leur accord avec la proposition suivante : respecter les autres quelles que soient leurs origines.

Ce qui n'empêche pas que nous puissions nous montrer intolérants. Nous nous heurtons aussi à des gens intolérants qui, tout en affichant une attitude dure et intransigeante, révèlent en même temps une grande fragilité : la fragilité de celui qui se voit condamné à l'inexistence s'il permet à l'autre d'être lui-même. Il s'enferme en effet dans une logique exclusive : ou lui ou moi, mais pas les deux. On s'en rend compte quand on aborde des sujets qui fâchent, comme la présence des étrangers, la guerre, la peine de mort... Il s'agit d'une différence de valeurs et surtout d'une autre image du monde, incompatible avec la mienne.

L'image du monde que chacun se forge s'élabore au sein d'une culture, au gré des expériences personnelles et collectives. Elle donne sens et cohérence au monde dans lequel on vit. On n'est pas loin d'y voir la vérité du monde, car bien souvent on prend l'image du monde pour la réalité du monde. Quand Christophe Colomb a découvert l'Amérique, il allait de soi que, pour lui, la civilisation qu'il représentait était supérieure aux autres, et que l'homme blanc était fait pour dominer les hommes noirs.

Lorsque des idéologies, notamment les idéologies religieuses, viennent confirmer, « absolutiser », voire sacraliser, cette image du monde, celle-ci prend une objectivité qui la rend évidente. Comment remettre en cause ce qui est évident ? L'autre, qui apporte un point de vue différent, ne peut être que dans l'erreur.

Soit il accepte de se plier à la vision commune, soit il disparaît, sa présence constituant une menace pour la cohérence individuelle et collective. On voit là l'origine de l'esprit de croisade, des conversions forcées, des intégrismes et des génocides. Même si l'opinion publique perçoit mieux ce qu'il y a d'inacceptable dans l'intolérance, la fragilité identitaire reste toujours à l'œuvre pour imposer sa façon de voir, ses coutumes, sa religion, son Dieu.

Cependant, les brassages de population ne cessent de s'intensifier et font vivre dans un pluralisme culturel et religieux qui rend caducs les replis identitaires. Une autre attitude est possible : être tolérant.

La tolérance n'est pas le règne de l'indifférence ni celui du laisser-faire. Elle est la capacité de s'enrichir de la différence d'autrui. Elle est accueil et respect des convictions de l'autre. Elle peut devenir émerveillement devant une image du monde qui révèle, autrement que la mienne, la multiplicité des facettes de la réalité. Elle élargit la représentation étriquée que je m'étais faite de Dieu. Sa logique est inclusive : lui et moi. Il n'y a plus de concurrence et de logique pouvant aboutir à l'extermination, mais convivialité, enrichissement et transformation mutuelle. Nous avons le sentiment d'appartenir à la même humanité.

C'est est au nom de la tolérance que les régimes démocratiques ont introduit le principe de la laïcité, garante des chances égales données à chacun. La laïcité empêche, par exemple, une idéologie religieuse de s'imposer au détriment des autres, de se livrer à des brimades ou autres pressions partisanes. En même temps, elle favorise l'épanouissement spirituel de chacun.

La tolérance est une attitude cohérente avec la foi chrétienne, qui n'est pas possession de la vérité, mais quête de celle-ci, qui n'est pas installation dans un donné révélé, mais ouverture à l'infini de Dieu.

POURQUOI EXCLURE ?

Les exclusions sont de tout genre : économiques, sociales, politiques, religieuses. Concrètement, elles signifient drames, souffrances, parfois même mort. C'est vrai ! Mais qui n'a jamais connu l'exclusion ? C'est hélas une réalité cruciale de notre vie. Pour penser sérieusement le problème, que chacun s'interroge donc : dans quelles circonstances me suis-je senti exclu ? Quelle a alors été ma souffrance ?

C'est toujours par rapport à un autre, à un groupe, qu'on se sent exclu. Le sentiment de solitude qui en résulte est peut-être la source d'angoisse la plus profonde qui puisse être. Il touche en son cœur notre volonté de vivre, d'aimer.

Il peut arriver que ce sentiment tienne à la démesure qui habite tout être humain. Celui-ci voudrait tant avoir tout, être sûr de tout, connaître tout, être aimé de tous, et il ne peut alors qu'être déçu. Il lui est si difficile de consentir à sa propre mesure, de croire qu'il a de la valeur tel qu'il est, avec ses limites. Il lui est si difficile de s'aimer lui-même tel qu'il est ; il voudrait être autre. Quand son rêve sur lui-même s'effondre, il se sent chassé de lui-même. Dans sa déception, il s'enferme et dresse des barrières pour se protéger. C'est le tragique de l'histoire de l'humanité. Par manque de confiance en soi ? en l'autre ? en Dieu ?, chacun exclut et s'exclut.

Nul ne peut échapper à ce sentiment d'exclusion qu'il se fabrique lui-même, qu'à la condition de rencontrer quelqu'un qui l'accueille vraiment, qui le prend tel qu'il est, qui l'aime sans conditions, pour ce qu'il est. Heureux qui peut avoir cette certitude.

Or, innombrables sont les humains qui n'ont jamais rencontré ce regard. Dans le monde économique, social, politique, et même familial hélas, tant de signes concrets disent : tu ne vaux rien, tu n'existes pas, tu ne comptes pas.

On va jusqu'à se recommander de Dieu. Que de fois, en son nom, on déclare : tu n'es rien, tu es coupable, disparais ! « Au diable ! »

Les Évangiles montrent souvent de quelle façon Jésus regardait les gens. Quelle confiance en lui et en soi son regard suscitait ! En effet, on voit ses apôtres tout quitter pour le suivre, sur un simple appel : ils sont prêts à affronter une nouvelle vie. Les exclus, par la maladie ou l'infirmité, retrouvent leur dignité et sont réinsérés dans le tissu social. Souvent, il est dit que Jésus les met debout. L'expression est à prendre au sens propre - ils étaient alités et ont de nouveau suffisamment de force pour se lever, comme au sens figuré, ils redeviennent capables de tenir leur place dans la société. « Lève-toi, prend ta civière et va dans ta maison, dit-il au paralysé» (Me 2, 11). Après que Jésus eut guéri un dément que personne n'arrivait à maîtriser et qui errait en poussant des cris au milieu des tombeaux se déchirant avec des pierres, des témoins le virent « assis, vêtu et dans son bon sens » (Me 5, 1-21), Alors que l'homme suppliait Jésus de le garder avec lui, ce dernier le renvoie chez lui, dans sa maison, là où il a un rôle social. C'est peut-être la parabole de l'enfant prodigue qui montre le mieux comment le père miséricordieux réhabilite son fils, quoi qu'il ait fait, et le réintègre dans sa famille à sa place initiale.

Mettre ou remettre debout, c'est non seulement lutter contre l'exclusion, mais aussi devenir le témoin de la façon dont Dieu, le Père de toute tendresse, nous voit.

BABEL ET PENTECÔTE : LE TRIOMPHE DE LA DIVERSITÉ

L'épisode de la tour de Babel (Gen. 11) est un exemple de l'appel de Dieu à sortir du cercle où les humains s'enferment. Il est habituellement compris comme un châtiment de Dieu à l'endroit d'un projet humain orgueilleux : atteindre le ciel au moyen de la construction d'une tour. « Bâtissons-nous une ville et une tour dont le sommet pénètre les cieux ! Faisons-nous un nom et ne soyons pas dispersés sur toute la terre ! » (Gen. 11, 4). Pour mettre fin à ce désir insensé, Dieu disperse leurs auteurs et confond leur langage. « Descendons. Et là, confondons leur langage pour qu'ils ne s'entendent plus les uns les autres. » Yahvé les disperse de là sur toute la surface de la terre et ils cessèrent de bâtir la ville » (Gen. 11, 7-8). On peut faire de ce texte une autre lecture. Être dispersé sur toute la terre n'est pas, dans la Bible, un châtiment de Dieu, mais souvent le résultat d'une bénédiction. C'est le cas pour les fils de Noé qui, après le déluge et après l'alliance que Dieu conclut avec eux, se dispersent et repeuplent la Terre. L'histoire du déluge (Gen. 6 à 9) se situe juste avant le récit de la tour de Babel (Gen. 11). On a fait des fils de Noé les fondateurs des différentes races selon leurs lieux d'implantation et leurs langues.

Or les habitants de la ville dont nous parle le récit de Babel craignent d'être dispersés. Ils se réfugient dans une conception de l'unité qui les crispe sur une identité fusionnelle. C'est le sens profond du désir d'Une ville unique, d'Une seule tour, d'Une seule langue, des mêmes mots pour s'exprimer. Dans une telle conception, il n'y a plus de place pour le dialogue, pour l'accueil, pour la recherche. La vérité alors serait unique et elle s'imposerait à tous avec la force même de Dieu, que s'approprient les bâtisseurs de la tour dont le sommet veut pénétrer les cieux. C'est l'incapacité à s'ouvrir à l'autre, au différent, à l'étranger et à sa vérité.

Devant ce danger, la dispersion et la diversité des langages sont-elles un châtiment ou bien un garde-fou contre le monolithisme et la volonté de puissance ? Dieu craindrait-il la rivalité de l'être humain ? Celui-ci a été créé pour devenir semblable à lui. Dieu craint, pensons-nous, l'enfermement sur soi, la rigidité de l'identité, la langue unique qui devient « langue de bois ». Il redoute l'exclusion des différences et la persécution de ceux et celles qui ne sont pas conformes à la norme par leur apparence, leur langue ou leur opinion. Dieu intervient pour réintroduire la diversité et briser le totalitarisme de la pensée unique. Les habitants cessèrent de bâtir LA ville et, en se dispersant sur toute la terre, ils purent bâtir DES villes, s'apportant mutuellement des richesses en s'ouvrant à leurs différences.

C'est la même ouverture et le même envoi que nous voyons à l'œuvre dans l'événement de la Pentecôte (Ac 2, 5-12). On oppose parfois Babel à la Pentecôte ; en réalité, il s'agit du même mouvement vers la diversité. La salle où les disciples de Jésus sont rassemblés s'ouvre, ceux-ci sortent et se mettent à parler. « Au bruit (comme un violent coup de vent) qui se fit, la foule s'assembla et fut bouleversée car chacun les entendait parler sa propre langue. » C'est le triomphe de la diversité. C'est s'ouvrir suffisamment à autrui pour comprendre ce qu'il dit et pour se faire comprendre de lui, pour entendre sa vérité et à partir de cette vérité différente de la mienne, pouvoir en rebâtir une autre plus riche et plus conforme à la réalité. À partir de cette poussée initiale, les apôtres vont effectivement partir vers ce qui était pour eux les « extrémités de la terre », Rome, la Grèce, les îles de la Méditerranée... pour annoncer la bonne nouvelle de Jésus.

L'ouverture que creuse l'Esprit dans le cœur des croyants empêche ceux-ci de se bloquer sur une seule idée, une seule conception de Dieu, une seule image de l'autre et de soi. Cette même impulsion est à l'œuvre dans les institutions, qui ont parfois une propension à exister pour elles-mêmes en oubliant leur objectif initial. Même dans nos Églises qui parfois paraissent se scléroser et se couper des préoccupations contemporaines, une action souterraine s'accomplit, qui explosera un jour dans une nouvelle Pentecôte, c'est-à-dire dans une nouvelle ouverture.

Dès qu'une société, une organisation ou une Église commence à se fermer sur une langue unique et une pensée conforme, elle manifeste une fragilité identitaire et à plus long terme elle court à sa perte, car tout système qui se coupe des échanges dont il a besoin pour se maintenir meurt. La présence active de l'Esprit, promise par Jésus à son Église, devrait la sauver d'une telle dérive et l'ouvrir sans crainte vers les cultures, vers le dialogue interreligieux, les recherches théologiques diversifiées et les nouvelles modalités de vivre ensemble.

LA PAIX EST POSSIBLE

Toute invocation à la paix est vaine si elle ne se traduit pas dans un travail concret pour la paix avec tous les risques, les débats, les oppositions que suppose un tel engagement.

On ne construit pas la paix dans un climat de suspicion, de méfiance ou de haine. Si la méfiance existe entre les peuples pour des raisons historiques, culturelles, politiques, religieuses, travaillons à la réduire. Cette réduction de la méfiance peut s'opérer par « en haut » avec des accords ou des négociations politiques, mais aussi par « en bas » en favorisant des contacts entre citoyens, des échanges culturels, ou l'envoi de délégations de la société civile dans des pays en conflit. De telles délégations jouent, par exemple, un rôle important en Palestine. Nous comprenons mieux aujourd'hui que la paix, c'est aussi notre affaire. Elle n'est pas réservée aux responsables politiques, aux experts, à la communauté internationale. C'est une responsabilité citoyenne. Et nous savons le rôle important que joue l'opinion publique. La mondialisation des efforts pour la paix est un signe des temps.

Il n'y a pas de paix sans justice. C'est la justice qui crée la paix. Une injustice n'est jamais une condition de paix. Chaque fois qu'on laisse s'installer l'injustice, on prépare les révoltes et les conflits. Le fossé d'inégalités qui existe chez nous comme entre les peuples du Nord et du Sud ne prépare en aucune manière les chemins de la paix. La paix est toujours le fruit de la justice. C'est pourquoi il faut plus de courage pour faire la paix que pour faire la guerre.

Jérusalem demeure un symbole pour l'humanité. Comment peut-on appeler la paix sur Jérusalem tant que le peuple palestinien connaîtra l'occupation et la répression ? L'humiliation d'un peuple et le mépris de ses droits ne peuvent que provoquer la révolte et la violence. Mais le jour où Israéliens et Palestiniens pourront vivre ensemble, alors Jérusalem redeviendra la cité de la Paix, comme le signifie son nom. Alors tous les peuples de la terre sauront que la paix est possible chez eux aussi.

Les religions, malgré leur passé de violence, ont vocation à faire la paix, en proposant toujours les moyens de la non-violence. Shalom, Salam, Paix, sont des mots que juifs, musulmans et chrétiens prononcent pour que la famille humaine vive ensemble comme les enfants d'un même Père. La paix est faite pour être partagée. Dieu la remet entre nos mains.

L'AVENTURE DE LA FIDÉLITÉ

Le vieux couple que l'on vient de croiser et qui s'avance lentement, se soutenant mutuellement, après avoir probablement traversé une longue vie ensemble, voilà ce qu'évoque d'abord la fidélité. La fidélité est le don de la confiance : la confiance que l'on offre aux autres et celle qu'on attend d'eux. Mais c'est aussi la fidélité à soi, aux valeurs qui nous animent, pour lesquelles on est prêt à engager le meilleur de soi.

On parle surtout de fidélité à propos du couple. Et c'est normal, car le partage de vie entre deux êtres constitue une des modalités les plus intenses et les plus engageantes de mise en commun sur tous les plans. Comment s'offrir ainsi l'un à l'autre sans cette confiance qui fonde l'amour ?

Si la fidélité est revendiquée à juste titre comme indispensable à l'existence et à l'approfondissement du couple, ne devrait-elle pas être présente dans toutes les relations humaines ? Comment d'ailleurs la valoriser entre conjoints, si elle est méconnue, malmenée, dans l'amitié, dans les relations familiales, dans tous les secteurs de l'existence humaine ? Où va notre monde s'il s'organise sur la concurrence effrénée, au risque de perdre le sens de la confiance mutuelle, jusque dans les rapports les plus anodins de la vie quotidienne ?

Fidélité n'est pas immobilisme ou stagnation. Dans le couple déjà, la fidélité ne survit et ne s'approfondit que si elle est inventive, novatrice, attentive à l'inattendu, à l'événement. La vraie fidélité participe à l'aventure de la vie. Il serait grave que, figé par les engagements pris jadis, on ne réponde pas aux attentes d'aujourd'hui.

La permanence d'un engagement qui nous tient à cœur est, bien sûr, le désir de chacun. Pourtant, la fidélité est souvent mise en difficulté par les circonstances de la vie. Il faut même parfois reconnaître l'impossibilité de maintenir un lien qui était cher. L'échec existe, avec son lot de souffrances. Dans certaines situations, de nouvelles options peuvent se révéler nécessaires ; elles devraient en tout cas se prendre dans le respect mutuel. Il importe alors de continuer à garder confiance et de rester des vivants.

Les appels à la fidélité prennent un particulier relief au regard de la fidélité de Dieu. Dans le partage eucharistique, nos fidélités difficiles, vacillantes, s'insèrent dans la fidélité de Jésus, et puisent dans son amour confiance et espérance.

La fidélité est probablement le lieu où se vit le plus intensément la tension entre l'idéal, le désir de pérennité qui nous habite et la fragilité de la condition humaine, là où l'on ressent tout particulièrement ses limites, où l'on apprend à être vivant au cœur du changement.

LA SEXUALITÉ, DIMENSION DE TOUTE RELATION HUMAINE

« Dieu créa l'homme à son image [...] Il le créa homme et femme [...] Dieu vit tout ce qu'il avait fait et il vit que c'était très bon. » L'intuition première du livre de la Genèse est donc que la sexualité est foncièrement bonne. Il est capital de garder cette perception fondamentalement optimiste de la sexualité, tout en n'ignorant pas les excès et déviations qui la menacent.

La sexualité est à prendre dans son sens le plus complet, car, au-delà de sa réalité biologique et génitale, elle concerne la personne tout entière, dans sa corporéité, son affectivité, son mode de penser, son être...

Elle marque chacune, chacun, quels que soient sa situation, son mode de vie. En suscitant l'attirance entre les êtres, elle fait naître les relations et collaborations les plus profondes et les plus vivifiantes, dans le respect des différences. De ces relations à autrui germent les fécondités les plus diverses et se déploie une créativité humaine aux multiples aspects. La collaboration entre les êtres, spécialement dans la diversité entre hommes et femmes, est source de réalisations particulièrement intenses dans le domaine de la culture, de l'art, des engagements sociaux et politiques, comme dans l'affinement de la vie spirituelle et religieuse. La sexualité constitue ainsi pour chacun, quel que soit son état de vie, un facteur décisif d'identité personnelle, dans la dynamique de la relation aux autres.

Et c'est précisément de la qualité de la relation aux autres dans la différence dont nous parle chaque page de l'Évangile : la Samaritaine, femme et étrangère, le mendiant, le laissé-pour-compte... C'est à leur amour les uns pour les autres, et spécialement à l'égard de ceux que l'on serait tenté d'ignorer ou de négliger, que l'on devrait reconnaître les disciples de Jésus.

La sexualité a été envisagée avant tout dans sa capacité reproductrice ; elle n'a guère été valorisée en elle-même, dans ses valeurs d'altérité et de force unifiante des diverses composantes biologiques, affectives, psychiques, spirituelles de la personne et de son dynamisme vital. Cela peut se comprendre, vu le désir et la nécessité, si impérieuse jusque récemment, de survie de l'espèce.

La découverte des moyens anticonceptionnels, en rompant le lien biologiquement contraignant entre sexualité et fécondité, a joué un rôle décisif dans la prise de conscience de la sexualité comme élément vital de relation humaine. Aujourd'hui, il est devenu possible d'envisager la sexualité dans son autonomie.

Elle n'est plus seulement un élément indispensable de reproduction. La procréation n'en reste pas moins une de ses dimensions capitales, mais dorénavant non par nécessité biologique, mais par choix personnel dans un ensemble de significations qui englobent la fécondité et la dépassent très largement.

D'où naît une attention nouvelle au sens et à la signification de la sexualité. Elle n'est pas un jeu facile. Elle est exigeante, tonifiante. Elle appelle le respect mutuel, l'attention à l'autre dans sa différence, l'ouverture aux grandes valeurs et significations qui font la noblesse et la dignité humaines. Elle requiert, comme dit Péguy, « un cœur perpétuellement tenu à jour ».

DIEU EST RELATION

Jésus nous dit dans les Évangiles qu'il est envoyé par le Père et on le voit vivre une relation de proximité avec lui. Il parle aussi de l'Esprit saint qu'il doit envoyer : celui qui fera comprendre tout ce qu'il a dit et qui restera avec nous après son départ. Il s'agit là d'une révélation tout à fait nouvelle et étonnante, que les prophètes du Premier Testament n'avaient pas soupçonnée. L'approfondissement de ces données par la tradition chrétienne a abouti au mystère d'un Dieu trinitaire, appelé Père, Fils et Esprit : un seul Dieu, mais pas tout seul. Pour être un, il faut être plusieurs. Dieu n'est pas solitaire, il est solidaire. Et dans l'envoi du Fils puis de l'Esprit, il devient solidaire de l'humanité. En venant chez nous, comme l'un des nôtres, le Fils nous introduit dans le monde de Dieu, qui, loin d'être un lieu clos, est un milieu chaleureux où chacun ne vit que pour et par les autres.

A la lumière des sciences humaines, nous pouvons aller plus avant dans la compréhension du mystère relationnel en Dieu comme dans celle du mystère relationnel entre les humains, les deux s'éclairant mutuellement. Un être solitaire ne peut exister. On pense souvent qu'il existerait des personnes qui, ensuite, communiqueraient éventuellement entre elles. Pourtant, personne ne peut préexister à une relation. Seule la relation fait advenir, non seulement l'être humain, mais aussi, semble-t-il, l'être de Dieu. Dieu est relation ou bien il n'est pas. C'est l'Esprit qui personnifie cette relation et qui en fait une relation si chaleureuse, si attentionnée à l'autre, qu'on la compare à une relation filiale, telle qu'elle peut exister entre un père, tendre et aimant comme une mère, et son enfant.

Le Credo nous dit que le Père engendre le Fils, c'est vrai, mais il ne s'agit pas pour autant d'une relation verticale, hiérarchique et unilatérale, mais bien d'une relation de réciprocité, car le Père n'est père que grâce à son Fils. On ne devient parent que si l'on a des enfants. On n'acquiert son identité que grâce à l'autre, aux autres.

Le risque d'une relation à deux est de se transformer en fusion au sein de laquelle l'un englobe et absorbe l'autre. Face à ce risque, la réaction est de s'éloigner dans une recherche d'autonomie. Dans les deux cas, fusion ou éloignement, c'est l'échec de la relation. Un troisième terme est nécessaire pour élargir la relation et l'empêcher de se bloquer. C'est le rôle de l'Esprit.

Il s'est manifesté comme vent et feu le jour de la Pentecôte. Il est l'espace où l'air circule, qui évite soit la fusion entre les personnes, soit leur séparation. Il maintient entre elles la bonne distance qui permet la construction d'identités originales et différenciées. Il est cet espace chaleureux où règnent la confiance et l'attention réciproque, sans captation, ni domination ou soumission. Il est relation d'amour entre le Père et le Fils, ni fusionnés, ni séparés, ni hiérarchisés. Sans lui, ils ne seraient pas ce ils sont. Au sein de cette trinité, chacun donne et chacun reçoit. Chacun attend de l'autre ce qui le fait devenir et donne à l'autre ce qu'il lui faut pour subsister et se développer. Nul ne craint de disparaître ou de perdre son autonomie et sa particularité. A l'image de notre Dieu, chacune de nos personnes est unique mais non solitaire, égale aux autres tout en étant distincte, semblable tout en gardant ses spécificités. Envoyés à notre tour vers autrui, l'Esprit nous rend capables de laisser la place à l'autre sans disparaître pour autant, capable de laisser l'autre rester l'autre, sans se l'annexer.

LA PERTE DU GOÛT DE VIVRE : LE SUICIDE

Il arrive que la relation avec les autres est blessée au point d'engendrer la perte du goût de vivre. Qui d'entre nous ne connaît un de ses proches qui a fait une tentative de suicide ou qui s'est suicidé ? C'est un choc. Nous restons sans voix. Un sentiment de culpabilité nous envahit : ai-je su l'écouter, le comprendre, accepter la main tendue, deviner sa solitude ?

L'anxiété et le désarroi nous saisissent à la pensée d'être passé à côté d'un drame sans nous en douter. L'être cher qui s'est donné la mort est parti avec son secret. C'est désormais le monde du silence. Nous ne pouvons plus rien. Nous ne comprendrons jamais ce qui s'est passé. Ce sentiment d'impuissance est difficile à supporter, mais on doit bien accepter de ne pas savoir.

On a recours au suicide à tout âge. Mais les tentatives de suicide des jeunes augmentent. En France, il y a actuellement davantage de suicides que de victimes d'accidents de la route. Au plan mondial, les pays les plus touchés sont des pays riches. La richesse à elle seule ne fait-elle donc pas le bonheur ?

Le suicide porte un message qui nous est adressé. À nous de le décoder par une écoute attentive à tout ce qui entrave le goût de la vie. Car le suicide se prépare toujours dans la solitude. Trop de jeunes ne trouvent plus leur place dans la société. L'avenir est bouché. Ils souffrent de familles déstructurées. Ils sont comme des oiseaux blessés, sans amour, sans repères, sans travail, avec le sentiment d'échouer et de n'exister pour personne. Ils veulent mourir pour en finir avec cette vie, mais aussi pour exister. Leur désir de mort exprime leur désir de vivre autrement. Une soif de vivre démesurée peut rendre inadapté aux conditions difficiles dans lesquelles certains se sentent enfermés. Le recours au suicide, au cœur d'une existence particulièrement marquée par la souffrance, révèle souvent un intense cri d'espérance.

L'Église catholique a longtemps exclu les suicidés. Aujourd'hui, elle perçoit le suicide davantage comme un geste de désespoir pour sortir d'une situation inextricable. Ce geste appelle plus la miséricorde que la condamnation. Dieu seul connaît ce qui s'est passé. Il accueille dans sa miséricorde, dans la plénitude de la vie.

UN VÉCU DIFFICILE : L'HOMOSEXUALITÉ

Quand des personnes prennent conscience qu'elles sont homosexuelles, c'est un choc, une blessure et souvent une grande solitude ; que ce soit à l'adolescence, à l'âge adulte ou même une fois marié. Il n'est pas facile alors de trouver écoute et dialogue dans son entourage, les proches étant eux-mêmes désorientés par cette situation inattendue.

L'homosexualité constitue un phénomène troublant, déconcertant, facilement qualifié d'antinaturel. Indépendamment de tout jugement moral, n'est-il pas plus juste de constater que « la nature », telle que nous pouvons la capter, a doté environ les neuf dixième des humains d'une propension hétérosexuelle, alors qu'une minorité est dotée d'une sexualité et d'une affectivité à dominante homosexuelle ? Réalité dont on discerne mal l'origine et les causes, qu'on a imputée, à la légère, à des lacunes dans l'éducation et qu'une volonté bien orientée pourrait maîtriser. Pourtant, « l'homosexualité n'est pas un choix ; elle est ou n'est pas », dit l'un d'entre eux.

Est-on suffisamment attentif à ce que les réactions encore si fréquentes de mépris, de rejet, voire de condamnation, font endurer aux homosexuels, qui doivent assumer leur sensibilité, leur affectivité, leur équilibre et leur épanouissement sexuel dans un univers qui leur reste encore largement hostile ? Déjà en minorité par la situation d'exception dans un monde où l'hétérosexualité s'étale partout, la méconnaissance, voire la condamnation, de leur manière d'être est particulièrement difficile à vivre. Le rejet de la minorité homosexuelle par ceux qui ont hérité d'un mode d'affectivité et de sexualité dominant ne constitue-t-il pas une forme particulièrement dévalorisante de ségrégation et de racisme ? Et l'on sait que ce rejet pousse au suicide un certain nombre d'adolescents, lorsque, dans leur isolement, ils découvrent leur situation d'exception, à un âge où déjà il n'est pas aisé de s'accepter.

Cependant, objectera-t-on, la sexualité n'est-elle pas la rencontre dans la différence, d'où naît la fécondité ? Certes !

Mais au-delà des différences morphologiques non négligeables entre l'homme et la femme, l'attirance amoureuse se situe bien au-delà des corps, dans la rencontre de l'autre en tant que personne, dans son identité propre et unique. La sexualité n'est-elle pas trop enlisée dans sa réalité physique, charnelle, sans s'ouvrir à la personne tout entière, là où l'amour atteint sa densité humaine ?

Si la fécondité dans les enfants est une dimension particulièrement importante de la sexualité, elle n'en limite pas pour autant l'ouverture et le déploiement. Combien peut être large et diversifiée la créativité de deux êtres dont le partage de vie stimule et vivifie les réalisations et engagements sociaux, artistiques, humanitaires... !

Réduire l'homosexualité à une recherche du semblable, dénuée de fécondité, est injuste et dévalorisant. Les gays et les lesbiennes plaident pour la reconnaissance de leur dignité et de leurs droits. Des chrétiens homosexuels donnent témoignage d'un amour vrai et fidèle, ainsi que d'une foi vivante et solidaire. Le message évangélique nous invite à reconnaître l'autre, les autres, dans leur différence et à ne pas juger les comportements d'autrui. Il y a déjà assez à balayer devant sa porte.

PLAIDOYER POUR LA CHARITÉ

La charité a souvent mauvaise presse dans l'opinion. Le mot usé par les siècles semble à beaucoup décalé. Dans des manifestations de rue, il arrive de voir inscrit sur une banderole : « On ne veut pas de la charité, on réclame la justice. » La charité indique alors la condescendance, des sentiments de pitié. On a ses pauvres. On se penche vers eux. On leur donne des miettes pour soulager sa conscience. En agissant ainsi, on soigne les blessures, on entretient la misère sans agir sur les causes. Tandis qu'avec la justice, on respecte les droits, en s'attaquant aux causes.

Sans attendre que le mot charité soit dépoussiéré, l'opinion préfère celui de solidarité qui passe bien et qui a l'avantage de ne pas avoir de connotation religieuse. La solidarité, en effet, souligne l'aspect horizontal des liens, quelles que soient les appartenances, les cultures, les croyances. La solidarité vise une égalité fondamentale des droits humains. Même s'il existe hélas une solidarité dans le mal, le mot reste porteur d'actions positives, qui débordent les frontières.

La charité, quant à elle, désigne l'amour qui est en Dieu et qui, à travers l'amour qu'il nous porte, habite au plus intime de notre être. Dieu est amour. Il nous introduit dans l'ordre de la gratuité. On n'en reste pas au « donnant-donnant », on devient capable d'aimer les autres pour eux-mêmes, sans attendre de retour, sans exiger de contre partie, sans penser à une récompense. On sort ainsi de la logique du marché.

La charité est appelée sans cesse à grandir. Elle est inventive, patiente, capable de traverser les obstacles et d'endurer beaucoup de souffrances. « L'amour excuse tout, il croit tout, il espère, il endure tout. L'amour ne disparaît jamais » (1 Co 13, 6-8). « Il n'y a pas de plus grand amour que de donner sa vie pour ceux qu'on aime », dit Jésus.

PARDONNER TOUJOURS ?

Le pardon s'oppose au déploiement du mal ; il brise la spirale de la violence. Le pardon crée une relation nouvelle entre deux êtres que tout sépare. Qui dit relation dit mouvement réciproque de l'un vers l'autre. Celui qui demande pardon a d'abord fait en lui-même un immense parcours pour sortir de l'impasse où il se trouve. Il ne cherche plus d'excuses mais reconnaît sa responsabilité et sa faute. Cette reconnaissance fait naître en lui une blessure qu'il accepte. Il est prêt à aller au-delà et veut construire une passerelle entre lui et celui à qui il a fait du tort, entre le passé et le futur.

Celui qui pardonne a, lui aussi, franchi les obstacles qui s'étaient imposés à lui comme, une évidence. Il a dépassé colère, rancœur, esprit de vengeance, dans lesquels il s'enfermait, pour essayer, lui aussi, une autre voie, celle de la compréhension et de la générosité. Il ose alors offrir sa confiance à celui qui l'avait trahi. Il le réhabilite et lui prouve qu'il vaut mieux que sa faute. Là où les deux étaient enfermés dans un passé de fatalité et de malheur, s'ouvre un avenir possible dans une paix retrouvée. En ce sens, le pardon est un formidable échange. Il est espoir, il est vie, autant pour la victime que pour le coupable.

Hélas, cette situation de réciprocité n'est pas toujours possible ; elle n'est, en tout cas, pas la plus fréquente. Faut-il pour autant renoncer à ce chemin idéal ? On peut commencer à l'amorcer unilatéralement, sans attendre que l'autre soit prêt à le faire. C'est déjà important de faire en soi ce chemin de clarification, qui peut devenir chemin de conversion. Le chemin est d'autant plus difficile à emprunter qu'il exclut l'amnésie. Car le pardon n'est pas l'oubli. D'abord, parce qu'il est des offenses que l'on ne peut effacer de sa mémoire ; ensuite, parce qu'il est des fautes si graves qu'il est nécessaire de les rappeler pour éviter de les laisser renaître. Nous avons en ce sens un devoir de mémoire.

Le pardon de Dieu ne se manifeste que dans nos pardons humains avec leurs limites. Mais, tel que le manifeste Jésus, il donne foi en sa possibilité. Plutôt que de protester et de riposter à ses bourreaux, Jésus a préféré dire : « Père, pardonne-leur, ils ne savent pas ce qu'ils font. » Une terre où ne fleurit pas le pardon serait une terre irrespirable. Cependant, peut-on pardonner lorsque se commettent des crimes contre l'humanité, lorsque des enfants sont violés et assassinés, lorsqu'un terrorisme aveugle frappe des victimes innocentes ? Le pardon n'efface pas l'injustice, il est un appel à dépasser l'horreur et à dépasser la honte. Le pardon de Dieu est attente et amour inconditionnel, quoi que nous ayons fait. Il apporte la certitude de compter pour quelqu'un, d'exister encore en tant qu'être humain. Il redresse, apaise et guérit. Il renvoie vers un avenir responsable. Dieu ne condamne jamais, mais fait renaître. Il nous permet de nous libérer lentement des chaînes du drame et restaure l'espérance, là où il y avait de l'irréparable.

LA DERNIÈRE ÉTAPE DE LA VIE

Pour tous les humains, croyants ou athées, la mort est une lourde épreuve, voire un scandale, tellement peuvent être intenses et profonds notre soif de vivre, d'être vivant, la densité des liens familiaux, la richesse des relations interpersonnelles, tout ce qui donne à l'existence sa qualité d'humanité.

Donner d'explication à la mort, Jésus ne l'a pas fait. Mais il l'a vécue, avec angoisse certes (« Pourquoi m'as-tu abandonné ? »), mais aussi dans la confiance et dans l'amour. « Père, je remets mon âme entre tes mains. » Un amour qui ne rejette personne, qui pardonne, qui accueille.

La mort, non seulement dans sa phase ultime, mais dans le cheminement parfois long qui la précède, n'est-elle qu'une déchéance, la rupture finale d'une vie ? N'est-elle pas, ne peut-elle pas être comme le point d'orgue qui couronne une existence ? Si la mort et les conditions dans lesquelles nous la vivrons nous restent mystérieuses, le sens que nous pouvons donner à la dernière étape de vie qui y conduit nous appartient.

La vieillesse est le temps où l'on est davantage confronté à soi-même, où l'on prend mieux conscience d'une certaine ligne directrice qui sous-tend notre manière d'être, le temps où bien des choses se relativisent, le temps où, relisant peu à peu le déroulement d'un long itinéraire, on met en quelque sorte la dernière touche à cette œuvre de maîtrise qu'est la construction de soi, de sa personnalité. C'est pourquoi la vieillesse, si elle est acceptée, est une étape de décantation, de confrontation à l'essentiel, de relation plus intime avec soi, avec sa cohérence profonde, avec les grandes valeurs qu'on a essayé vaille que vaille d'implanter dans sa vie.

Qualité de relation et intensité intérieure vont de pair. La vieillesse, tout en favorisant la descente au plus profond de soi, apprend en même temps l'importance vitale de la relation. On n'existe que relié. La relation, tout en étant moins soucieuse d'efficacité, plus discrète, acquiert, au cours de la vieillesse, une importance grandissante, dans sa vérité profonde d'échange, de confiance partagée, de communion, de vibration aux mêmes valeurs fondamentales. L'agir, devenu moins impérieux, nous recentre davantage sur l'être et le vivre avec.

La dépendance grandissante du vieillard et du mourant, au lieu de constituer une retombée quelque peu lamentable, a peut-être une signification positive, qui éclairerait la manière, pour le croyant, de vivre dans l'attente de la rencontre espérée avec Dieu. Pour ce dernier passage, qu'avons-nous de mieux à apporter que notre accueil le plus total possible, une confiance sans limites ? Nos bonnes œuvres, nos mérites accumulés, le regret de nos erreurs et faux pas, l'énoncé de nos combats, de nos vertus... tout cela serait encore un repliement sur soi, sur ce que nous avons été, alors que seule importe pour le croyant, dans cette ultime aventure, l'attente confiante, l'accueil plénier d'un Dieu dont la plénitude d'amour n'existe que pour se communiquer. Pouvoir enfin être fils ou fille.

La perspective de la mort renvoie chacun à la qualité et à la cohérence de son vécu présent : acceptation plus ou moins sereine d'une fin personnelle définitive ou espérance d'un au-delà de la mort, avec les retrouvailles des êtres disparus et l'attente d'une vie enfin heureuse pour tous.

DEVENIR COMME UN ENFANT

« Si vous ne devenez comme des enfants, vous n'entrerez pas dans le Royaume de Dieu » (Mt 18, 3).

Ce qui semble visé dans cette parole des Évangiles, c'est la confiance que fait l'enfant à l'adulte, à ses parents pour commencer. Confiance obligée, car celui-ci naît dans un statut d'extrême vulnérabilité et de complète dépendance. De la même façon, vis-à-vis de Dieu, nous ne pouvons que faire confiance, dans l'incertitude où nous sommes de notre devenir ultime et dans notre incapacité à acquérir là-dessus une quelconque assurance. Pour éviter le désespoir, Jésus sur la croix n'a eu comme solution que de s'en remettre entre les mains du Père. Se remettre entre les mains d'un autre en qui on a confiance est une attitude d'enfant et une attitude chrétienne.

Mais l'enfant représente aussi l'autre qui s'installe entre ses parents. Cette altérité, il n'a pas fini de la leur faire sentir. Dans sa dépendance même, il possède une puissante capacité d'autonomie. La naissance est le premier acte d'autonomisation ; suivent le sevrage, la marche, la propreté, l'école et les connaissances de tous ordres qu'il acquiert, la puberté, enfin l'âge adulte où il devient l'égal de ses parents. Le tout est ponctué, depuis les premiers pleurs, d'actes de volonté de devenir soi. Répondant à cette volonté, l'éducation a comme but de développer l'autonomie du sujet.

La façon dont nous entendons cette parole de Jésus aujourd'hui ne peut pas ne pas prendre en compte ce dynamisme vital présent chez l'enfant. Il faut comprendre que le Royaume de Dieu est aussi à ceux qui sont autonomes, c'est-à-dire à ceux qui développent toutes leurs capacités et potentialités humaines. Ce déploiement a certes besoin d'être endigué et dirigé, mais il est tellement préférable à l'inertie et à la perte de l'enthousiasme. Le Royaume n'est pas tout donné ; il est à construire.

Confiance et autonomie ne sont pas antinomiques. C'est dans la mesure où l'enfant peut faire confiance qu'il peut en même temps développer sa personnalité. C'est pourquoi l'Évangile est sévère pour quiconque abuse de la confiance des enfants. « Mieux vaut pour lui qu'une meule soit suspendue autour de son cou et qu'il soit englouti en pleine mer. » Comment ne pas évoquer aujourd'hui les victimes de la pédophilie et des esclavages de toutes sortes, que subissent des enfants, partout dans le monde ?

Se considérer comme enfant de Dieu, c'est être incité à prendre sa pleine responsabilité du développement humain. Pas plus qu'un enfant n'est en concurrence avec ses parents, pas davantage l'action de l'être humain ne porte ombrage à Dieu. Irénée, évêque de Lyon, disait au IIe siècle : « La gloire de Dieu, c'est l'homme vivant. » Le bonheur et la fierté des parents sont également de mettre au monde, au cours d'un enfantement ponctué de ruptures qui dure une bonne vingtaine d'années, des êtres humains, femmes et hommes, dignes de ce nom.

II

ACCUEILLIR UN AU-DELÀ DE L'HUMAIN

La recherche spirituelle est une caractéristique vitale des humains, qu'ils soient agnostiques ou croyants. S'il y a une crise du religieux en Occident (crise de la croyance et de la pratique religieuse), celle-ci n'a pas entraîné de crise de la quête spirituelle, bien au contraire. La spiritualité pourrait être définie comme l'introduction dans l'humain d'une dimension qui semble dépasser l'humain et qu'on appelle transcendance ou absolu. Mais, en même temps, cette dimension censée dépasser l'humain est proprement humaine, enracinée dans une culture et une histoire, repérable d'une façon ou d'une autre en tout être humain. Un désir d'infini habite nos êtres finis. Les religions n'ont pas le monopole de cette dimension. Même si elles l'ont particulièrement approfondie et lui ont donné un nom : Dieu, par exemple.

Cette quête est présente dans l'espérance d'un mieux, d'un plus, d'un autrement, qui habite toute personne, souvent même au cœur de la plus grande détresse. Proche de l'espérance est l'attitude de désir et d'attente, telle qu'elle est proposée dans le temps de l'Avent, semaines précédant Noël. Pour mieux répondre à cet appel lancinant qui les habite, des personnes larguent les amarres et partent en pèlerinage ; d'autres font l'expérience du désert, non seulement du désert comme lieu isolé, mais du désert que l'on traverse quand toutes les sécurités semblent s'évanouir et que seul le silence répond à nos interrogations. Le carême chrétien rappelle cette traversée du désert qui débouche sur une folle espérance : la victoire de la vie sur la mort. Car c'est bien cette foi en l'incroyable, réalisé par Jésus, qui caractérise l'être chrétien, le disciple de Jésus.

La recherche spirituelle se manifeste aussi dans les questions qui hantent l'humanité. Quelle est la raison de notre existence en ce monde ? Dieu aurait-il créé le mal ? A-t-on une âme ? Que peut être une vie éternelle ? Toutes questions auxquelles est censé répondre un catéchisme. L'au-delà de l'humain s'accueille, mais on ne peut partir de lui pour trouver des réponses extérieures à l'humanité. C'est au plus profond de celle-ci que s'approfondit ou se transforme la question.

Il est temps alors de se plonger dans ce qu'est vraiment le christianisme. Qui est Jésus de Nazareth et comment le connaît-on ? La densité spirituelle prend des harmoniques et une ampleur nouvelle lorsqu'elle se réfère, à travers Jésus de Nazareth, à un Dieu qui nous appelle à partager sa vie. L'orientation que Jésus a donnée à sa propre existence devient ouverture de sens pour beaucoup, et la prière, source qui murmure en tout être humain, se coule dans sa prière. L'épisode de la Transfiguration dans la vie de Jésus veut montrer qu'un au-delà de l'humain habite celui qui est pleinement humain.

Pour clore ce chapitre, laissons-nous emporter par le rêve d'un Dieu qui vient habiter parmi nous, rêve de Noël. Mais dans la fête de l'Epiphanie qui suit Noël, c'est à tous les peuples qu'est confiée la manifestation de Dieu, et c'est donc à nous qu'il revient de donner réalité à ce rêve.

LA RECHERCHE SPIRITUELLE : UN FEU INTÉRIEUR

Il y a dans l'humain une dimension qui semble dépasser l'humain. Au-delà des capacités proprement humaines d'intelligence, de conscience, de volonté, tel un feu intérieur qui ne nous laisse pas en repos, un désir d'infini habite nos êtres finis, une aspiration à la transcendance submerge nos limites. Trop longtemps, les croyants ont eu tendance à monopoliser la vie spirituelle, la liant à la religion entendue comme pratique du culte, des rites, des sacrements. Aujourd'hui, nous prenons mieux conscience qu'elle est présente partout, en chacun, sous des modalités diverses, qui appellent à la découverte et au dialogue.

Nous ne pouvons plus regarder les autres de la même manière, quand nous avons partagé quelque chose de notre humanité profonde. La recherche spirituelle nous rapproche : ainsi, quand nous nous retrouvons à une manifestation pour défendre les droits des étrangers sans papiers, pour accompagner une famille dans l'épreuve, ou pour participer à un événement artistique. Beaucoup de nos contemporains s'engagent en fonction de valeurs fortes, dont la densité concerne notre existence, qu'ils soient croyants, agnostiques ou athées. Ce faisant, nous rejoignons ce qu'il y a de plus fort dans nos diverses traditions, qui ont construit et continuent à développer le patrimoine commun de quête spirituelle qui anime notre monde.

La vie spirituelle, faite de recherche de sens et d'affrontement au mystère de la condition humaine, prend chez le croyant une orientation spécifique. Le monde, à ses yeux, est ouvert sur un « au-delà » et marqué d'une présence autre, divine.

L'intériorité, qui caractérise l'être humain, est intériorité animée du dedans, habitée par un souffle. Si Dieu, comme le pense le croyant, est au cœur de l'existence humaine, sa vie spirituelle s'élargit dans la prière, faite d'écoute intérieure, de confiance et de reconnaissance. À l'instar de Jésus qui, nous disent les Évangiles, était constamment à l'écoute de cette présence divine qui l'habitait, et se retirait pour prier.

UNE ESPÉRANCE QUI FAIT VIVRE

Comment vivre sans entretenir dans son cœur une part d'espérance ? On aspire à un lendemain moins éprouvant, plus heureux. On espère vaincre une difficulté, échapper à une épreuve, voir se réaliser un mieux-être, pour soi et pour ceux qui nous sont chers. On ne peut se résigner à voir des enfants mourir de faim, des régions entières manquer du nécessaire, des peuples s'entre-tuer...

L'expérience nous apprend que l'espérance surgit au cœur de l'épreuve. Elle prend corps souvent dans la détresse. Alors que nous touchons le fond du puits, voici que tout peut à nouveau repartir. C'est au cours de la nuit que nous pouvons voir l'aube se lever.

La tension qui existe en chacun entre la conviction que les situations pourraient être autres, entre un rêve, un idéal entrevu et la réalité présente, souvent douloureuse, inacceptable pour soi, pour les autres, appelle à bander ses énergies dans des actions d'entraide, dans des solidarités exigeantes. L'espérance est un levier essentiel du dynamisme et des engagements humains. Elle est toujours un combat. Elle consiste à traverser la détresse sans se laisser écraser par elle.

Les témoins de l'espérance reviennent de loin. Ils ont connu la guerre, la prison, la torture, la faim, l'exil, la maladie... mais ils ont tenu bon. Ils portent encore les blessures de leur grande épreuve comme pour mieux manifester la puissance de la vie et de l'amour. Grâce à eux, on peut croire qu'un avenir est encore possible. Des portes s'ouvrent. Il n'y a plus de situation sans issue.

Cette espérance, indispensable à la vitalité humaine, acquiert, pour le chrétien, une dimension nouvelle. Comme le disait déjà le prophète Isaïe, « le peuple qui marchait dans les ténèbres a vu une grande lumière... » Dans la foi, nous croyons que l'échec, la souffrance et même la mort ne sont pas le dernier mot des événements et des êtres. Ils s'inscrivent dans une histoire ouverte sur un au-delà.

La foi chrétienne nous dit aussi que le Dieu de Jésus-Christ, qui est bienveillance et amour, est présent au plus intime de notre cheminement. Non pour modifier le cours des choses ou intervenir à notre place, mais pour nous accompagner d'une présence confiante et aimante. En lui, l'horizon s'élargit, même si la réalité présente est particulièrement lourde à assumer. Il y a un avenir, il y a quelque chose à faire.

Car l'espérance n'est pas une simple attente d'un lendemain plus heureux. Il n'y a d'espérance solide et vivace que dans l'engagement personnel, qui nous incite à établir dès maintenant les jalons d'un mieux-être, si modestes soient-ils.

Habituellement l'espérance ne se vit pas seul. Elle est portée par un groupe, une communauté, un peuple. C'est ce qui donne un dynamisme et un élan à nos efforts et à nos combats. Un peuple porteur d'espérance a l'avenir devant lui, malgré les obstacles. C'est ce qu'exprime Pablo Neruda, en s'adressant aux ennemis des libertés : « Ils pourront couper toutes les fleurs, jamais ils ne seront les maîtres du printemps. » Et cet engagement acquiert plus de dynamisme encore, comme en témoignent la vie et le message de Jésus de Nazareth, s'il s'affermit dans la foi en un Dieu présent au cœur de notre monde en devenir.

Espoir humain et espérance chrétienne se rejoignent ainsi dans une même aspiration foncière et active vers un monde plus juste, plus solidaire et plus fraternel.

UN TEMPS DE PRÉPARATION : L'AVENT

La liturgie propose quatre semaines pour la préparation de Noël. Quatre semaines où s'entremêlent deux venues, deux « avènements » du Christ. Il est déjà venu en prenant notre condition humaine. Il reviendra de nouveau revêtu de sa gloire. Les chrétiens se préparent à célébrer la naissance de l'Enfant de Bethléem, mais en même temps ils lèvent les yeux vers l'avenir pour attendre le retour glorieux du Christ. C'est le déjà là et le pas encore. Tout est accompli là, mais tout reste à faire. Pour entrer dans le mystère de Noël, la liturgie met en relief le personnage de Jean-Baptiste, envoyé par Dieu pour préparer les chemins du Seigneur.

Le temps de l'Avent, c'est le temps du désir. Le désir toujours entretenu, jamais assouvi, qui nous porte en avant dans la joie d'aller à la rencontre de Celui que nous ne cessons de chercher. Là où il y a un désir, il y a un chemin.

Ce n'est pas l'attente inquiète pour un train qui n'arrive pas. Ni l'attente angoissée pour un être cher dont la vie est en danger. Ni l'attente illusoire de ceux qui ne vivent que pour un passé à jamais révolu.

C'est l'attente joyeuse des parents qui se préparent à la naissance de leur enfant. C'est l'attente des guetteurs d'aube. Ils savent que la nuit, si longue soit-elle, laissera place à la lumière du jour. C'est l'attente des amoureux de la vie. Ils sont en état d'accueil. Être vivant, c'est être accueillant. Accueil à ce qui va venir, à ce qui peut advenir, à l'inattendu, à l'inédit. Ils entrent dans l'aventure de la vie.

Mais il y a les déçus de la vie, qui n'attendent plus rien d'elle. Ils n'attendent plus rien d'eux-mêmes, ni des autres, ni de Dieu, ni de l'Église, ni de la société. On dirait que leur vie s'est arrêtée, qu'ils sont déjà entrés dans la mort.

Quand Dieu vient habiter parmi nous, tout invite au renouveau. C'est une bonne nouvelle qui change la vie. Le temps de l'Avent, c'est le temps des recommencements toujours possibles, quels que soient notre âge et notre situation. Dieu nous tourne vers l'avenir.

Le temps de l'Avent s'élargit à l'humanité tout entière. Un grand vent d'espérance : un autre monde est possible. Notre planète, si meurtrie soit-elle par les inégalités et les violences, peut faire germer la justice et la paix. Il n'y a pas de fatalité. Quand Dieu entre dans notre histoire, il ouvre l'avenir et nous donne la passion du possible.

PARTIR EN PÈLERINAGE

Nombreux sont les hommes et les femmes de tous âges que l'on voit sac à dos sur les routes des grands pèlerinages de jadis, tels celui de Saint Jacques de Compostelle. Expérience de foi religieuse ou simplement besoin de respirer, de reprendre contact avec la nature, de retrouver sens et richesse de vie. Ainsi se renouvelle une grande tradition qui, pour les chrétiens, trouve ses racines dans le peuple hébreu en marche, dans le désert, vers la Terre promise. « Mon père était un Araméen nomade », rappelle le Deutéronome, en parlant d'Abraham. Saint Pierre, dans sa première épître, exhorte les chrétiens à vivre sur cette terre comme des voyageurs.

Le pèlerinage aide à prendre conscience que la vie est une marche, une avancée, physique, psychologique, morale, spirituelle. Il en est ainsi des personnes, mais également des sociétés. Notre vie stagne et se désagrège lorsqu'elle ne s'engage pas sans cesse davantage, sous le souffle de l'Esprit, dans les grandes tâches de justice et d'amour.

Les cathédrales, qui orientaient jadis la longue marche des pèlerins, étaient souvent bâties sur des lieux surélevés, à l'image de Jérusalem, ville sainte par excellence pour le juif, le musulman ou le chrétien. Sur la route, on n'emporte que l'essentiel. La longue marche n'est possible que si on se débarrasse du superflu. Le pèlerinage est une montée vers les hauts lieux de spiritualité et de foi. Les pèlerins d'aujourd'hui ne sont pas tous des croyants, mais tous cherchent à se désencombrer, à donner davantage sens à ce qu'ils vivent, à ce qu'ils s'efforcent d'être et de réaliser dans le quotidien.

Partis seul ou à deux ou trois, les pèlerins en rejoignent d'autres sur le chemin ou à l'étape. Ils se stimulent et s'entraident dans cette avancée qui, en restant tout à fait personnelle, rassemble les marcheurs. L'accueil du gîte pour la nuit crée de nouvelles rencontres, à l'image des étapes qui marquent la vie de chacun et donnent force et souffle pour de nouvelles avancées.

Marche, montée, rassemblement, le pèlerinage contribue à donner sens et force vivifiante au quotidien de l'existence.

Un couple qui, à plusieurs reprises déjà et sans argent, a pris son bâton de pèlerin, témoigne : « Partir, ne pas savoir où loger, si on va manger... touche les sécurités fondamentales. Rencontrer ses propres fragilités, les accepter, faire confiance à l'autre pour nos besoins de base nous a permis de découvrir un espace inattendu d'échanges et de réflexions. Vivre de façon permanente dans une insécurité voulue nous a appris à accepter des insécurités non recherchées. Nous avons découvert que l'incertitude était source de créativité, de solidarité, de liberté, de vie. C'est aux moments de plus grande confiance, malgré la précarité dans laquelle nous étions, que notre expérience spirituelle a été le plus intense. Et nous avons vu des analogies fortes avec ce que les textes bibliques nous disent, au point que nous croyons avoir vécu quelque chose de l'expérience de Dieu. »

ALLER AU DÉSERT

Le désert est moins un lieu où il faudrait se rendre qu'un chemin intérieur à prendre. Aller au désert, c'est une expérience que beaucoup font, chrétiens ou pas. Qui ne connaît à un moment donné ou à un autre de sa vie « sa traversée du désert » : désert dans la ville, dans sa famille, à l'hôpital... ? Découverte de la solitude dans laquelle on se retrouve brusquement. Au désert, on est confronté avec soi-même.

Le désert est un passage ; si on y reste, on meurt. « Faire sa traversée du désert » indique qu'il s'agit de franchir une étape difficile, voire périlleuse. On quitte ce que l'on a connu, aimé, pour passer sur une autre rive. Le peuple hébreu sera conduit au désert pour se préparer à l'aventure de la conquête de la Terre promise. Si Jésus est poussé au désert par l'Esprit, c'est pour prendre un chemin de solitude qui le fait descendre au fond de lui-même. C'est pour lui l'heure où il est confronté aux grands choix de sa vie.

Au désert, les appuis habituels nous sont retirés : le travail, la santé, la situation sociale, un être cher. On se retrouve seul. Tout bascule. Nos sécurités s'envolent les unes après les autres, sécurités qui nous permettaient de tenir debout. Dans cette situation imprévue et soudaine on voudrait bien revenir en arrière, mais c'est impossible. La tentation est de s'en sortir sans Dieu. Pourquoi ne pas vivre sans Lui, être heureux sans Lui ? On Lui avait fait confiance et voici que, dans le malheur, Il demeure silencieux.

Le désert n'est pas seulement le temps de l'épreuve. C'est aussi et surtout le temps favorable où Dieu peut parler à notre cœur et faire découvrir des signes de sa présence. Un temps de retrouvailles pour une nouvelle jeunesse. Un temps où nous sommes appelés à faire d'autres choix, à mener d'autres combats, en un mot, à réorienter notre vie. De nouveaux appels nous sont adressés, qui donnent sens à notre existence. Un temps de conversion qui nous ouvre à ce que nous n'avions pas imaginé.

ENTRER EN CARÊME

Le mot « carême » veut dire « quarante ». C'est un chiffre symbolique qui rappelle les quarante jours que Jésus a passé au désert pour se préparer, avant sa vie publique, à la manière dont il allait mener sa mission. Ces quarante jours de Jésus rappelaient eux-mêmes les quarante années de la marche du peuple hébreu vers la Terre promise après la fin de son esclavage en Égypte. Pour les chrétiens aujourd'hui, c'est le temps du chemin vers Pâques. Dans ces différents cas, il s'agit d'un temps relativement long de maturation et de préparation à un événement important après lequel les choses ne sont plus comme avant.

Actuellement, l'ouverture du carême a lieu le « mercredi des Cendres », ainsi appelé à cause de l'imposition des cendres qui est faite à chacun. Les paroles qui accompagnent ce geste donnent le sens de la démarche : « Convertissez-vous et croyez à l'Évangile. »

Le carême a sans doute perdu de son impact social et de sa dimension collective. Peut-être fallait-il passer par cette phase très personnelle où les chrétiens font le point sur leur vie pour l'orienter différemment ? Toujours est-il qu'aujourd'hui ils sont en train de retrouver ce mouvement collectif dans lequel ils entrent généreusement. Entrer en carême se fait au cours d'un rassemblement. Des paroles comme celles du prophète Isaïe donnent le ton. La justice est de faire place à l'autre, afin de réaliser ainsi la fraternité. « Partage ton pain avec celui qui a faim, recueille chez toi le malheureux sans abri, couvre celui que tu verras sans vêtement, ne te dérobe pas à ton semblable [...] Alors la lumière jaillira comme l'aurore. » C'est pourquoi des collectes sont faites pour subventionner des projets dans des pays du Tiers Monde. Des soirées de jeûne et de partage sont organisées au profit des plus démunis. Des appels à la solidarité sont lancés pour venir en aide à des populations en détresse.

Si le carême est un temps pour autrui, il est également un temps de conversion personnelle. L'écoute de la Parole de Dieu, le temps consacré à la prière, les appels qui nous sont adressés opèrent en nous un autre regard sur les autres et sur nous-mêmes. Nous découvrons un peu plus que Dieu est miséricorde et que nous sommes invités à l'imiter.

Pendant quarante jours, les chrétiens se préparent ainsi à fêter Pâques avec la joyeuse certitude de la victoire de la vie sur la mort, de l'amour sur la haine, de la solidarité sur l'égoïsme.

ÊTRE CHRÉTIEN AUJOURD'HUI !

Chose étonnante : aujourd'hui encore, partout dans le monde, des hommes et des femmes de toutes conditions se disent chrétiens. Ils se réclament de Jésus de Nazareth et de son message.

Ce jeune juif, habité par le souffle de Dieu, vécut dans la confiance totale en celui qu'il appelait « Père ». Il disait : « Je suis venu pour que les gens aient la vie et la vie en abondance. » « Aimez-vous les uns les autres, comme je vous ai aimés. » « Ce que vous avez fait au plus petit d'entre les miens, c'est à moi que vous l'avez fait. » Partout où il passait, il guérissait les malades, ouvrait les yeux aux aveugles, faisait marcher les paralysés, donnait la parole aux muets, rendait libre. L'homme de Nazareth secouait les consciences, dénonçait les injustices et se montrait solidaire des plus faibles. Il osait remettre en cause le Sabbat, l'existence du Temple, ainsi que la manière de pratiquer la loi. C'était insupportable pour le pouvoir en place. On l'élimina en le crucifiant à Jérusalem, sous Ponce Pilate.

Les chrétiens le proclament ressuscité d'entre les morts, vivant à jamais auprès de Dieu. S'inspirant de sa façon de vivre et de son message, ils découvrent progressivement que Jésus devient pour eux le chemin, la vérité et la vie. Ils se réfèrent aux Béatitudes de l'Évangile, qui les appellent au bonheur et mettent de la lumière dans leurs yeux.

« Heureux les pauvres de cœur, car le Royaume des Cieux est à eux. » André Chouraqui traduit : « En marche les humiliés du souffle. Oui, le Royaume des Cieux est à eux. » Et la Bible éditée chez Bayard : « Joie de ceux qui sont à bout de souffle, le Règne des Cieux est à eux. » La litanie du bonheur se poursuit : « Heureux les doux, heureux ceux qui pleurent, heureux ceux qui ont faim et soif de justice, heureux les miséricordieux, heureux les cœurs purs, heureux les artisans de paix. »

Les Béatitudes qui s'adressent à tous, invitent particulièrement les chrétiens à aller de l'avant en faisant confiance en Dieu. Ils sont appelés à surmonter le mal par le bien, à faire le choix de la non-violence, à donner gratuitement sans attendre de retour et sans désespérer de quiconque, à pratiquer la justice, à travailler à la paix, à pardonner à leurs ennemis.

On le voit : la pratique des chrétiens consiste à poser des actes, à faire des choix, à mener des combats dans l'esprit des Béatitudes. Cette pratique, aucun chrétien n'en est dispensé : elle est fondamentale. Elle est sans cesse à inventer dans nos sociétés de compétition qui promeut des gagnants, mais qui en même temps fabrique des perdants. On s'interroge sur la pratique religieuse et on se déclare souvent non pratiquant, alors que la pratique véritable, c'est l'Évangile dans toute la vie.

Quelles que soient les époques, il n'est pas possible d'être chrétien tout seul. Isolés, comment les chrétiens pourraient-ils approfondir et actualiser leur foi ? Quand ils font l'expérience d'une vie communautaire où se vivent le partage et la célébration, ils découvrent la grandeur de leur appel.

DISCIPLES EN LIBERTÉ

Être chrétien, c'est se reconnaître disciple de Jésus. C'est affirmer que nous marchons à sa suite. Cela pose problème aujourd'hui : être disciple, même de Jésus, n'est-ce pas une soumission ? La relation de maître à disciple n'entraîne-t-elle pas une perte de liberté ? Un autre ne me dirige-t-il pas, même quand il s'agit de ma vie la plus intime ?

La question mérite d'être posée. Elle est d'autant plus vraie qu'elle touche à ce que nous sommes de plus précieux : des êtres libres. Quelqu'un qui renoncerait à sa liberté serait un esclave. Il ne rejoindrait pas sa pleine humanité. La hiérarchie de l'Église a parfois infantilisé les pratiquants, à tel point que, dans beaucoup d'esprits, « être fidèle » est synonyme d'une totale absence d'autonomie et de capacité de décision. Le temps est fini où les responsables croyaient détenir la vérité et décidaient de ce qui était bon pour les autres.

Aujourd'hui, l'insistance porte sur la responsabilité personnelle, l'importance du sujet, la réalisation de soi, le rôle de la conscience. L'exigence d'authenticité personnelle conduit à ne plus recevoir une vérité toute faite, existant hors de nous, mais à voir comment on peut se l'approprier et l'expérimenter. Il s'agit moins d'être conforme que d'être authentique.

L'Évangile apparaît d'emblée comme un Évangile de liberté et non d'obligation. Un Évangile qui responsabilise sans jamais infantiliser. Jésus, éveilleur de libertés, vient délivrer de la peur : peur d'oser être soi-même, peur de perdre, peur de manquer, peur de dire la vérité, peur de s'engager et de risquer, peur de dire non. Toutes ces peurs qui traversent nos vies nous empêchent d'être libres. Tant qu'on a peur, on n'est pas libre. Mais quand on est libre, ça fait peur. Quel paradoxe !

Jésus, homme libre, a prêché la révolte des consciences. Il a fait peur, car il dérangeait l'ordre établi. Les autorités ne pouvaient plus laisser agir et parler un tel homme.

Dostoïevski, dans Les Frères Karamazov, imagine Jésus revenant en Espagne au plus fort de l'Inquisition. Le Grand Inquisiteur qui l'a tout de suite reconnu, le jette aussitôt en prison. Il va le voir et lui dit : « Pourquoi es-tu venu nous déranger ? Parce que tu nous déranges, tu le sais bien ! As-tu oublié que l'homme préfère la paix et même la mort à la liberté de discerner le bien et le mal ? Tu as développé cette liberté humaine, au lieu de la confisquer. Tu te faisais une trop haute idée de l'homme, car ce sont des esclaves, bien qu'ils aient été créés rebelles. »

Les disciples de Jésus savent que la liberté coûte cher et qu'elle est un combat. Ils deviennent souvent des signes de contradiction au sein même de leur institution. N'étant pas des femmes et des hommes de la conformité, ils sont vite perçus comme déviants. Mais comment pourraient-ils témoigner d'un Évangile de liberté, si eux-mêmes ne jouissaient pas de cette liberté ? C'est alors que peut se produire le jaillissement d'une parole qui soit dite hors du cadre religieux habituel et qui retentisse ailleurs que dans des lieux protégés, avec des chances d'être largement entendue.

DE L'INTÉRIEUR MÊME DU MONDE, DIEU CRÉE

« Dieu a créé le monde ». Par une telle affirmation, on croit expliquer l'univers. La logique de nos esprits occidentaux voulait et veut encore trouver une cause à tout. Dieu serait alors la cause de tout ce qui existe. Ceci fut même formulé au Moyen Âge en parlant de Dieu comme « cause première » et comme « cause finale ». Mais, en sondant la nature, les sciences modernes n'ont trouvé qu'un chaos qui parfois semble s'organiser. L'évolution serait un immense jeu du hasard et de la nécessité. Il est impossible d'y voir le résultat d'un plan raisonné. On ne croit plus au Grand Horloger, ni même à celui qui aurait allumé le pétard du big bang à l'origine de l'évolution. Scientifiquement, l'affirmation : « Dieu a créé le monde » n'explique rien.

Autre est l'affirmation croyante « Dieu crée », qui cherche à scruter les raisons de l'existence du monde et de nos propres existences au sein de ce monde. Mais que peut bien alors signifier cette expression ? Elle peut vouloir dire que Dieu crée de rien (ex nihilo), manifestation d'une toute-puissance ; ou bien qu'il fait le monde, c'est-à-dire qu'il est présent dans son organisation. Il le façonne sans cesse, comme on le voit façonner l'homme à partir de la glaise dans le récit de la Genèse. Dieu ne serait plus à l'extérieur du monde, après lui avoir donné une pichenette initiale, mais à l'intérieur même de celui-ci, œuvrant constamment en son sein. Ainsi, Dieu ne serait pas le Tout-Puissant, mais le présent, le proche. Le retrait de sa toute-puissance incite ses créatures à prendre la responsabilité de continuer la création. Terrible responsabilité, dont on prend mieux conscience actuellement avec la naissance de l'écologie et le souci de l'environnement, que celui-ci soit naturel ou humain.

Dire « Dieu crée », c'est penser que Dieu veut le monde et ses habitants, parce qu'il les aime. Nous ne serions pas « jetés au monde » sans rime ni raison, par un démiurge, mais pour y connaître le bonheur, au sein de la création tout entière qui nous est donnée. Chacun d'entre nous est voulu pour lui-même et aimé comme il est. Ce regard d'amour posé sur chacun est ce qui nous crée à notre vraie mesure.

Se pose alors naturellement le problème du mal : pourquoi Dieu permet-il le mal, la souffrance et la mort, s'il veut le bonheur de ses créatures ? La foi n'apporte pas de réponse à cette question. N'avons-nous pas nous aussi à changer notre regard sur Dieu ? Il n'est pas un monarque absolu, extérieur et lointain, mais la puissance même qui surgit à l'intérieur de chacun de nous. Sa force créatrice est toujours à l'œuvre pour transfigurer le réel. Chaque fois que l'un d'entre nous se dresse contre la souffrance et l'injustice, la puissance créatrice de Dieu est à l'œuvre. Ne cherchons plus d'où vient le mal, mais tournons notre regard vers l'avenir en demandant : que peut-on faire contre le mal ? La proximité de Dieu à notre monde et au mal qu'il contient s'est révélée en Jésus-Christ. En lui, Dieu s'est fait souffrant avec nous, victime du mal, mais aussi guérissant et consolant, nous poussant à agir pour nous opposer à la souffrance absurde et nous donner le courage de lutter contre le mal sous toutes ses formes.

Même si l'humain ne prend pas suffisamment soin de la création et ne lutte pas assez contre le mal qu'elle comporte, Dieu ne brisera pas pour autant le vase défectueux, comme le ferait le potier. Dieu ne se décourage pas d'aimer sa création. Même quand les blessures du deuil, de la souffrance ou de la haine affectent cruellement l'être humain, Dieu ne cesse de modeler à nouveau les cœurs meurtris et les ouvrir à l'espérance. Le livre de l'Apocalypse promet même une recréation, où un ciel nouveau et une terre nouvelle apparaîtront.

L'ÂME : PARLONS-EN !

Qu'est-ce que l'âme ? Voilà bien une question de catéchisme. La réponse s'efforce de distinguer dans l'être humain une partie spirituelle créée par Dieu, l'âme, et une partie matérielle qui nous vient de nos parents, le corps. Il est certain qu'on ne peut réduire l'être humain à la matérialité de son corps. La conscience qu'il a de lui-même, la pensée, la volonté qu'il exerce, la liberté qu'il peut mettre en œuvre, les sentiments qu'il éprouve sont d'un autre ordre que les organes et les fonctions du corps. On comprend que des philosophes de l'Antiquité aient insisté sur cette dualité de l'être humain, qui a imprégné à son tour le christianisme. Dans une telle perspective, l'âme spirituelle est pure et le corps impur, l'âme est le siège des vertus les plus hautes, comme la volonté de se diriger librement vers le bien : elle doit gouverner le corps et ne pas se laisser enchaîner par lui. La première est perçue comme bonne et l'autre comme mauvais. C'est l'âme qui rend l'homme semblable à Dieu, c'est pourquoi elle est immortelle, tandis que le corps est mortel, la mort étant provoquée par la séparation des deux.

Un tel langage ne correspond plus à nos façons de raisonner et à nos expériences. Nous savons que des personnes ont perdu leurs facultés humaines d'intelligence et de mémoire, sans pour autant avoir perdu la vie. L'existence des animaux nous interroge. Qu'est-ce qui provoque leur mort ? Auraient-ils donc une âme ? Leur conscience et leur aptitude à communiquer nous sont davantage connues. Où commence le propre de l'homme ? Dans la Bible non plus, la notion d'âme n'est pas nette. Celle-ci utilise des mots divers pour désigner ce principe immatériel : la vie, le cœur, le souffle... Une chose est certaine, il n'y a pas d'opposition entre l'âme et le corps, mais au contraire unité de la personne. Faut-il aller plus loin et se demander si la question même de l'âme est une bonne question ? En effet, la personne n'est pas sans son corps. Elle n'est plus sans les cellules nerveuses qui lui permettent de penser. Elle n'est plus sans la mémoire qui lui permet de reconnaître ses proches et ainsi de savoir qui elle est. Le corps n'est pas qu'un outil au service d'un esprit pensant. Il n'est pas non plus l'enveloppe de l'âme. Il est capacité de communiquer, de se relier aux autres, capacité d'aimer; sans communication et sans amour, la personne n'existe pas. Une telle réflexion procède d'une autre logique de l'existence humaine que celle de la création d'une personne toute faite, venue de nulle part. Il s'agit davantage d'un processus au cours duquel la personne devient elle-même ; par ses liens avec les autres et avec le monde son identité se construit.

La foi chrétienne n'est pas en contradiction avec cette vision de l'être humain. Elle nous dit que Dieu lui-même s'est incarné. Il est venu dans la chair, c'est-à-dire a pris figure humaine et a pris corps d'homme en Jésus-Christ. Et c'est ce corps que Dieu ressuscite après la mort en croix de Jésus. C'est le gage de notre propre résurrection. Nous croyons, disent les chrétiens dans le Credo, à la résurrection de la chair. La question du comment reste entière, mais l'espérance chrétienne est bien celle d'une résurrection de la personne en plénitude.

LA VIE ÉTERNELLE... DÈS AUJOURD'HUI

Que peut signifier cette expression « vie éternelle » pour un être humain dont la fin de vie est programmée inéluctablement ? Comment concevoir une telle vie pour les êtres historiques que nous sommes avec un commencement et une fin et, entre les deux, le déroulement d'une histoire qui nous fait devenir ce que nous sommes ? Une vie éternelle est difficilement acceptable pour ceux qui pensent que seul le néant nous attend après la mort. Cependant, existent au cœur de tout humain, le désir de dépassement de ses limites, l'appel vers un plus et un mieux, et un goût de vivre pleinement, qui constituent un puissant moteur de l'humanité vers le progrès et l'épanouissement. Aussi, il y a moins de différence qu'on ne le pense entre l'athée qui ne croit pas au ciel et le croyant qui y croit. Ce dernier n'a pas plus de certitude sur l'existence du ciel que le premier n'en a sur son inexistence. Malgré nos efforts d'imagination, y compris d'imagination scientifique sur l'espace-temps ou sur la biologie, la vie éternelle ne peut se prouver. Elle n'est pas de l'ordre de l'évidence. Elle n'est que de l'ordre de la foi en un Dieu qui ne nous abandonne pas. C'est sur la résurrection de Jésus qu'est fondée la foi des chrétiens en une vie après la mort. Dieu n'a pas abandonné son Fils, après sa mort sur la croix, donc il ne nous abandonnera pas non plus. Cette vie ne se gagne pas au mérite, mais elle est donnée.

On peut même se demander si elle ne nous est pas donnée dès à présent. Chaque fois que l'on fait reculer les limites de la maladie ou de la mort, chaque fois que l'on préserve et développe la vie humaine, chaque fois que l'on contribue à améliorer le cadre de vie économique, social, politique ou écologique des personnes, chaque fois que nous luttons contre la misère et l'injustice, nous introduisons une dimension de vie éternelle dans nos vies finies. Chaque fois que nous sommes éblouis par la beauté du monde, séduits par la bonté des êtres, enivrés par la connaissance et la découverte, bouleversés par la fragilité des plus petits d'entre nous, nous vivons des moments d'éternité.

Cette vie éternelle est enfouie dans notre humanité à la façon d'une graine de sénevé, une toute petite semence, destinée à grandir et à devenir un arbre où les oiseaux vont pouvoir s'abriter. Elle commence à se développer ici-bas, se continue et s'épanouit après notre mort, sans changement radical de cap, même s'il s'agit d'une nouvelle étape d'une vie qui n'est pas détruite, mais transformée. Il s'agit de la vie de tout l'être, donc du corps, qui en est la concrétisation, et de l'environnement relationnel, sans lequel nous ne sommes rien. Les liens tissés, l'amour donné et reçu, sont partie intégrante de l'être. Nous ne pouvons exister seuls, nous ne pouvons être heureux seuls : c'est ensemble que nous vivrons éternellement. Commencée dès maintenant et présente dans nos espoirs, nos décisions, nos amours et nos luttes, se présentant comme ouverture indéfinie du désir plutôt que comme satisfaction comblée, cette vie justifie son qualificatif d'éternelle. Non pas une existence larvée dans un « repos éternel », mais une vie en plénitude, associée à l'activité créatrice de Dieu. Nous ferons des cieux nouveaux et une terre nouvelle, comme nous le rêvons déjà, et « Dieu essuiera toute larme de nos yeux ».

Malgré les éclats d'éternité qui transfigurent parfois nos vies, nous n'avons pas d'assurance humaine de l'existence d'une telle vie et nous ne pouvons que faire confiance dans les Évangiles. Jésus apparaît comme celui qui maîtrise la vie : « Je suis la vie », « Ma vie, on ne me l'ôte pas, j'ai le pouvoir de la donner », « Qui croit au Fils a la vie éternelle. » Néanmoins, vivant sa condition humaine jusqu'au bout, jusqu'à la croix, et sans certitude, il fait confiance : « Père, je remets mon souffle, ma vie, entre tes mains. » Nous ne pouvons à notre tour que faire nôtres les paroles de Pierre : « À qui irions-nous, Seigneur, toi seul as les paroles de la vie éternelle ? »

LE CHRISTIANISME A-T-IL UN AVENIR ?

Nous avons fêté le 2000e anniversaire des débuts du christianisme. Chance ou risque ? Introduction solennelle au musée du passé ou ouverture sur l'avenir ?

Voici deux mille ans, naissait ce courant spirituel d'un homme, Jésus, juif de Palestine, dont le message et surtout le style de vie, les choix fondamentaux et la façon dont il affronta la mort ont laissé un extraordinaire souvenir. En lui, ses disciples ont eu l'intuition de ce qu'était l'être humain dans sa plénitude, de ce que nous étions appelés à devenir : nés de la terre, comme lui, nous sommes appelés comme lui à nous laisser soulever au-dessus de toute la matérialité qui nous conditionne. Ce souffle qui le suscite, les chrétiens l'appellent l'Esprit de Dieu. Il est « né de Dieu », dit-on de Jésus. Nous sommes appelés à « naître de Dieu » ; en Jésus, nous découvrons que « l'humain dépasse l'humain ».

Pour qualifier Jésus, ses premiers disciples ont repris un titre très parlant pour les juifs de cette époque : Messie ou Christ, d'où les chrétiens tirèrent leur nom.

Le christianisme, c'est donc ce vaste courant d'hommes et de femmes qui, d'une façon ou d'une autre (et souvent de façons diverses), se réclament de Jésus-Christ.

Comme tout courant spirituel, le christianisme s'est organisé : le courant est devenu Église, groupe appelé à l'échange, à la fête, à la diffusion. Comme toute institution humaine, l'Église s'est souvent tragiquement divisée, rigidifiée, fossilisée même. Pourtant, à travers l'histoire, le christianisme a suscité une vie extraordinaire.

Vivra-t-il ? A-t-il de l'avenir ?

Le christianisme n'existe plus s'il n'est que passé. Il meurt dès lors qu'il ne se définit plus que par l'appartenance à un groupe, une structure, un appareil. Peut-être ne sommes-nous qu'au commencement de cette grande aventure ?

QUI EST JÉSUS DE NAZARETH ?

La foi chrétienne se fonde sur Jésus de Nazareth, dont la vie et le message nous sont transmis avant tout par les quatre Évangiles. Matthieu, Marc, Luc et Jean, chacun à leur manière, nous font connaître ce juif d'une petite bourgade de Galilée qui, à l'âge de trente ans, s'est mis à proclamer et mettre en œuvre une Bonne Nouvelle libératrice. Tout en se situant dans la foulée de la Loi et des Prophètes du Premier Testament, il éclairait ce message et lui donnait une dimension nouvelle et, en quelque sorte, universelle.

Des disciples, hommes et femmes, l'ont rejoint, impressionnés par l'intensité de sa relation à chacun, spécialement aux plus démunis auxquels il rendait confiance et goût de vivre, par la densité et la force de son enseignement, par sa manière d'être en même temps serviteur et maître, par les signes de libération qu'il accomplissait.

À ces disciples et à la foule de Galilée et de Judée, il apparaissait avant tout comme un être d'une qualité humaine extraordinaire, porteur d'un message exigeant, entièrement centré sur la justice et l'amour.

Son entourage, et à certains moments la foule qui l'écoutait, ont perçu en Jésus, fils de l'humain, une relation intime avec Dieu, avec celui qu'il appelait « Père » : « Mon Père, qui est aussi votre Père » (Jn 20, 17). Il l'invoquait, se retirait dans la solitude pour prier, manifestant combien, sous la mouvance de l'Esprit, sa manière d'être et son message trouvaient leur source dans son intimité avec Dieu, son Père.

La force et la rigueur de ses attitudes et de son enseignement libérateur face à tout asservissement devaient inévitablement susciter l'opposition, spécialement celle des Grands Prêtres, qui exerçaient à Jérusalem un pouvoir oppresseur. Subversif, il dérangeait les autorités juives aussi bien que les Romains. Et Jésus, après trois années de vie publique, fut crucifié et mis à mort.

D'abord anéantis par cette fin ignominieuse, les disciples, femmes et hommes, ont progressivement pris conscience que Jésus était vivant, qu'il était ressuscité, toujours présent, mais autrement, au-delà de la mort.

Dès lors s'est petit à petit développée, chez celles et ceux qui l'avaient accompagné durant sa vie publique, ainsi que dans les premières communautés chrétiennes, la conviction que Jésus avait une proximité toute particulière avec Dieu, qu'il était de Dieu. Et progressivement, la communauté chrétienne en est arrivé à cette affirmation qu'il était Dieu.

Ainsi, son message, son mode d'être, sa vie sont en même temps entièrement humains et pleinement de Dieu. Mystère, vérité insondable, recherche de compréhension, que les vingt siècles de christianisme n'ont pas épuisés et qui se continuera jusqu'à la fin des temps.

LA BIBLE À LIVRE OUVERT

Que sait-on de Jésus de Nazareth, qui a vécu il y a deux mille ans et sur qui se fonde le grand courant chrétien qui s'est répandu à travers le monde entier et marque profondément l'histoire humaine ? Avant tout ce que nous en disent des témoins directs de sa vie publique, de même que l'image qu'en ont gardée les premières communautés chrétiennes. Jésus n'a rien écrit. Heureusement d'ailleurs, car s'il avait laissé des écrits, on se serait figé sur les mots employés, comme on est tenté de faire une lecture littérale des textes bibliques, alors qu'ils sont porteurs d'une plénitude de sens, dont on n'aura jamais fini de faire la découverte.

Rédigés plusieurs dizaines d'années après la mort de Jésus, les quatre Évangiles décrivent son itinéraire en Palestine, sa manière de se comporter, son enseignement, tels que les évangélistes et ceux qui les entourent en portent le souvenir. À cela s'ajoutent les Épîtres attribuées à certains de ses disciples : Jean, Pierre, Jacques et Jude, ainsi que les lettres de Paul qui ont joué un grand rôle dans le premier essor du christianisme. Avec les Actes des Apôtres et l'Apocalypse, ce recueil d'écrits constitue ce qu'on a appelé le Nouveau, ou plus exactement le Second Testament. « Testament » en tant que témoignage de l'Alliance de Dieu avec le peuple hébreu d'abord, ouverte ensuite à l'humanité entière avec Jésus de Nazareth.

Tous ces écrits sont l'œuvre de juifs profondément marqués par les textes fondateurs du peuple juif et de sa religion ; ils constituent l'Ancien ou le Premier Testament : « le livre d'Israël », suivant l'expression de Maurice Bellet. C'est la découverte du Dieu Unique, un Dieu qui libère de toute servitude et nous demande de nous aimer avec le souci des plus faibles. Avec ses deux Testaments, la Bible constitue pour les chrétiens la référence essentielle et indispensable.

Jésus n'a nullement voulu rompre avec l'héritage juif dont il vivait, comme il n'a probablement pas voulu fonder une Église. Mais, en déployant et en vivant jusqu'à l'extrême le grand message de libération qui a soulevé le peuple hébreu, « il a mené le judaïsme à son incandescence », comme l'écrit Bernard Chouraqui. Le Second Testament ne peut se comprendre que dans la lancée du Premier. Ainsi, par exemple, chacune des paroles du Pater ou du Magnificat de Marie sont reprises du Premier Testament, mais dans une perspective élargie et approfondie.

Lecture constamment reprise, individuellement et en communauté. Prendre le texte à la lettre, sans tenir compte du contexte et de l'époque, en détruirait le sens. Si « la foi transporte les montagnes », il est infiniment plus engageant de voir dans cette parole un appel et une exigence d'adhésion personnelle, que d'implorer un miracle du ciel, qui court-circuiterait la responsabilité humaine. Simple exemple parmi tant d'autres d'une approche méditée et engagée. Le partage en communauté est porteur de significations multiples, que la foi des fidèles détecte de manière sans cesse approfondie et élargie. « Elle est vivante la Parole », nous avertit saint Paul (He 4, 12).

Au-delà de la grande Tradition, qui nous transmet la foi qui a animé les vingt siècles de vie chrétienne, c'est à la source première, la Bible, que le chrétien et les communautés chrétiennes sont amenés à revenir sans cesse. Message fondateur toujours plus riche que ce qu'on a pu en percevoir, et qui appelle une lecture inlassablement renouvelée dans la diversité des cultures et des époques. « La parole de Dieu n'est pas dans la Bible ; elle est entre la Bible et le lecteur[3]. »

---

[3] Christian-Bernard Amphoux, *La Parole qui devient Évangile*, Le Seuil, 1993.

EN QUÊTE DE SENS

L'absence d'un bien nous donne souvent l'impression que sa possession nous garantirait le bonheur. Il est vrai que l'absence de certains biens essentiels à la vie montre que nous n'avons pas trouvé place en ce monde. Nous nous sentons « désorientés », « désaxés ». Notre vie n'a pas de sens.

Mais, même en disposant de tous les biens possibles, on peut éprouver le même sentiment. À quoi bon tout ce qu'on possède ? Qui sommes-nous ? L'inquiétude n'a fait que changer de niveau. Il nous faudrait une parole éclairante, transfigurante, qui nous garantirait : « Tu es aimé, toi, non pas en fonction de ce que tu as, de ce que tu produis, mais gratuitement, pour toi. »

La Bible traduit cette quête : un groupe errant, désorienté, cherche une terre où il sera « chez lui ». Une fois celle-ci conquise, il se persuade qu'un pouvoir politique adapté lui assurera la paix qui lui échappe ; mais l'histoire lui révèle son illusion. La religion ? Le temple qu'il se construit est vain, quand les pratiques sont vides. La loi ? Elle se transforme en ordre moral écrasant, dès lors qu'elle ne jaillit pas du cœur. L'amour humain ? Mais il reste difficile et fragile ! On peut comprendre le cri de désespoir du sage du livre de l'Ecclésiaste : « Tout n'est que vanité et poursuite du vent. »

La spiritualité chrétienne a vu dans cet aveu désespéré le premier degré de la vraie vie : il consiste à prendre conscience de nos illusions. Le sens ne saurait venir de l'extérieur, mais seulement d'une mutation profonde de notre orientation intérieure.

Jésus affirme : « Si quelqu'un a soif, qu'il vienne à moi, et qu'il boive » ; et « Je suis la vie ». Pour lui « le Royaume de Dieu » est tout proche : « Retournez-vous et croyez à la Bonne Nouvelle. » Celle-ci est une « révélation » qui échappe aux sages et aux puissants, mais est accessible aux « humbles de cœur », à ceux qui ont soif de la seule chose réellement essentielle : la certitude d'être « aimé du Père ».

Vivant de cette certitude, Jésus a vécu en plénitude, mais aussi a pu affronter le vide, le rejet du monde et la mort. Il nous convie à cette découverte, capable de nous « réaxer », de « donner sens » : mystérieux trait de lumière, cette confiance nous permet de nous aimer nous-mêmes, puisque nous sommes aimés absolument. À travers la mort de nos illusions, elle signifie dans le même temps ouverture à l'autre et reconnaissance du véritable visage de Dieu.

Le monde qui est actuellement en question de manière aussi fondamentale pourra-t-il s'ouvrir à cette découverte de l'essentiel, en situant à son vrai niveau le problème du sens ? Si oui, nous vivrons en vérité. Le reste nous sera donné par surcroît.

UNE SOURCE MURMURE EN NOUS : LA PRIÈRE

Dans le monde entier, des gens « prient », qu'ils soient croyants ou pas. Ils prient dans la solitude ou dans la foule, seuls ou en communauté. Ils éprouvent le besoin de donner une dimension plus vaste à leur vie et à leurs sentiments. Ils se tournent alors vers une présence non définie, que d'aucuns appellent Dieu, ou se laissent envahir par cette présence pressentie. La prière revêt des aspects variés : elle peut être louange et action de grâce. Cri de joie ou de détresse : elle se fait alors demande et supplication ou encore laisse éclater la révolte.

La prière se présente souvent comme la récitation, plus ou moins répétitive, de formules : chapelet, psaumes, mantras ou sourates selon les religions. Elle est souvent rituelle, intervenant avec régularité à certaines heures selon les occupations de la journée. Les mentalités modernes se détournent parfois de cette forme de prière qui apparaît comme un rabâchage sans attention, que l'on fait la tête ailleurs, ou comme une sortie dans l'irrationnel. Ce type de prière ne prend sens que dans la mesure où il soutient un état de prière. Lorsque, répondant à l'appel du muezzin, le musulman se met à prier, ce n'est pas seulement pour répéter toujours les mêmes formules : « Allah est grand... », mais il doit tout d'abord concevoir intérieurement l'intention de se tourner vers Dieu. Prier suppose une disposition intérieure et une attitude habituelle d'attention à une présence qui oriente les actes posés. Cet état demeure ensuite dans les occupations et préoccupations habituelles, mais il est réactivé et entretenu par les temps de prière. Le but ultime de la prière reste l'union désirée à une présence aimante.

Ce mouvement vient-il de l'homme ou de Dieu ? Est-il réponse à une initiative venue d'ailleurs ? Est-il désir profond de l'être humain ? Mais alors d'où vient ce désir, qui est comme une source intarissable qui murmure en nous ? La prière est toujours une réponse, Dieu intervenant le premier et nous devançant. « Nous, nous aimons parce que lui, le premier, nous a aimés » (1 Jn 4, 19).

Un jour, les disciples trouvent Jésus en prière, à l'écart de la foule. Ils pressentent l'importance pour Jésus de ce moment d'intériorité. Il est en relation avec son Père. C'est sa respiration, le secret de sa vie. Sous la mouvance de l'Esprit, Jésus est tout accueil à l'amour du Père. Il prie de la même manière qu'il aime. C'est sa manière d'être. Quand Jésus eut fini de prier, un des disciples lui dit : « Seigneur, apprends-nous à prier » (Lc 11, 1). Au-delà de l'enseignement de la formule du Notre Père, que Jésus donna alors à ses disciples, c'est à une disposition à la prière qu'il veut les introduire.

Parfois, la prière devient simple attente silencieuse. L'être adhère à cette présence mystérieuse et demeure sous son regard. Cette prière, appelée aussi « oraison » par les mystiques, peut s'accompagner d'une paix et d'une joie envahissantes, mais elle est souvent aussi pure attitude de foi, un peu sèche, qui se maintient devant le mystère.

La prière peut surgir en toute personne qui croit ou cherche à tâtons. Parfois elle est l'expression d'une communauté : « Là où deux ou trois sont réunis en mon nom, je suis au milieu d'eux « (Mt 18, 20). La prière prend alors une dimension de louange et de reconnaissance, souvent exprimée par le chant. Nous avons au-dedans de nous-mêmes une présence de Dieu qui est d'une telle qualité que nous n'en trouvons nulle part ailleurs l'équivalent. Il y a en nous-mêmes un chemin sur lequel nous pouvons nous engager. C'est là l'origine de cette source cachée qui murmure en chacun de nous et dans laquelle des chrétiens reconnaissent la voix et l'action de l'Esprit saint.

UN ÉPISODE ÉTRANGE : LA TRANSFIGURATION

Trois évangélistes relatent cet épisode étrange de la vie de Jésus, qu'on a appelé la Transfiguration, parce que le visage de Jésus se met à rayonner et ses vêtements à resplendir d'une blancheur éclatante. C'est ainsi qu'il apparaît aux trois disciples, Pierre, Jacques et Jean, qu'il a emmenés avec lui sur une montagne pour y prier. Ceux-ci voient aussi Moïse et Èlie s'entretenir avec lui et entendent une voix confirmer qui est vraiment Jésus, au-delà de son apparence : « Celui-ci est mon Fils, écoutez-le. » Le tout se passe dans une nuée tantôt lumineuse, tantôt obscure. Cet événement est davantage qu'un phénomène météorologique. La nuée est une façon habituelle dans la Bible d'exprimer la présence de Dieu qui reste voilée et l'expérience que l'on peut en faire.

À coup sûr, nos trois amis ont vécu là une expérience intérieure si profonde que les mots manquent pour en faire état. Leur regard sur Jésus a changé. Ils l'ont vu autrement que comme le fils du charpentier. Sa familiarité avec Moïse, celui qui avait libéré son peuple des Égyptiens et lui avait donné une loi, et avec Elie, le grand prophète, les étonne et les ravit. Jésus, lui-même libérateur et prophète, apporte la libération extérieure et intérieure. Devant cette découverte, ils voudraient arrêter le temps et proposent à Jésus de dresser trois tentes : une pour lui, une pour Moïse et une pour Élie.

Il est intéressant de constater que les seuls témoins de l'événement sont Pierre, Jacques et Jean, ceux qui seront aussi témoins de l'agonie de Jésus, juste avant qu'il ne soit défiguré par les coups, les épines et les crachats : de la Transfiguration à la défiguration. L'homme qu'ils voient là et qu'ils découvrent vraiment est peut-être l'image de tout homme. Celui dont le corps est défiguré par la maladie, la vieillesse ou la violence reste apte à la transfiguration. Quelque chose de sa splendeur voulue par Dieu demeure sous l'apparence disgraciée. Qui n'a été témoin de la lumière brillant dans les yeux de celui ou celle qu'un geste de justice ou un sourire réhabilitent dans sa dignité humaine et donc dans sa beauté ? Nous faisons tous l'expérience que celui que nous croyions connaître dépasse ce que nous en saisissions ; c'est comme si nous comprenions tout à coup qu'il ne nous appartient pas, mais vient de Dieu qui le chérit comme son enfant, et cela donne à chaque être une tout autre dimension qui nous remplit de respect.

Malgré la force de l'expérience vécue sur la montagne par les apôtres, après que la voix eut retenti, ceux-ci ne voient plus que Jésus seul, sous son apparence habituelle, et peut-être se demandent-ils s'ils n'ont pas rêvé. Ce n'est qu'après la résurrection de Jésus qu'ils commencent à en comprendre le sens : Jésus défiguré par la mort révèle l'amour du Père dans la résurrection qui lui advient Son corps ne craint plus la mort. Il est l'être humain en plénitude tel que Dieu le veut. C'est la Bonne Nouvelle qui nous concerne tous et toutes, et que nous avons à mettre en œuvre. Le déchaînement spectaculaire des éléments ne fait pas vivre, il faut redescendre de la montagne et se fondre dans la vie quotidienne. Ce sont les visages compatissants à la misère, attentifs aux besoins des autres, émerveillés de la grandeur et de la dignité de l'être humain qui, aujourd'hui, reflètent quelque chose de la lumière de la résurrection.

LE RÊVE DE NOËL

Si Noël est l'une des fêtes les plus universelles qui soient, c'est qu'elle fait rêver les petits et les grands, les croyants comme les incroyants. Dans nos régions, les illuminations de Noël ne sont pas autre chose que le rêve de la lumière au cœur de l'hiver sombre. Les sapins décorés font rêver aux fleurs et aux fruits, au moment où la végétation semble morte. C'est le rêve de la chaleur au temps où régnent les frimas : avant de devenir un gâteau, la bûche qui brûlait dans l'âtre tenait chaud. Elle reste le symbole d'une température agréable, mais aussi d'une ambiance chaleureuse faite de bonheur et de joie partagés.

On sait que la solitude et la misère pèsent plus durement en ce jour. Partout, on fait un effort pour ne laisser personne en dehors de la liesse générale. C'est le temps de la convivialité : les repas en famille et entre amis se multiplient; les menus traditionnels sont faits de mets fins et recherchés. C'est aussi un rêve de paix : on ne se bat pas pendant la trêve de Noël, même si on l'appelle, de façon plus triviale, la trêve des confiseurs.

Ce rêve de Noël, ces symboles et ces aspirations ne sont pas la propriété des chrétiens ; ils habitent toute personne humaine. Avant d'être Noël, c'était la fête du solstice d'hiver. Le Noël chrétien ajoute à cette fête la naissance d'un enfant. Qui n'a pas rêvé devant un nouveau-né ? Que deviendra-t-il ? Que fera-t-il ? Il semble que, pour cette vie toute neuve, tout soit possible. Le monde lui appartient. Ses parents, ses proches, sont à la fois soucieux de sa fragilité et respectueux devant son avenir qui les dépasse.

Le rêve de Noël, pour les chrétiens, prend une coloration plus profonde et plus merveilleuse. C'est le rêve d'un Dieu qui vient habiter parmi nous. Non pas un simple envoyé, mais Dieu lui-même, qui ne fait pas semblant et qui commence son itinéraire terrestre comme chacun de nous, en la personne d'un tout-petit. Il lui faut tout connaître de cette humanité pour la faire renaître, à son image. Dieu se fait homme pour faire de l'homme un dieu. C'est alors, dans la foi, que ce petit enfant peut devenir, pour toute personne de bonne volonté, la lumière qui éclaire le monde d'une façon nouvelle en donnant un sens profond et sacré à l'existence humaine. Il est aussi promesse d'abondance débordant nos attentes, capable d'étancher la soif et de combler toute faim. L'amour dont il est le signe devient une façon nouvelle de vivre dans la paix et la confiance mutuelle. C'est le rêve de la foi chrétienne, pour lequel beaucoup ont donné leur vie, afin d'attester que ce n'est pas seulement un rêve.

L'ÉPIPHANIE CONFIÉE À TOUS LES PEUPLES

« Epiphanie » signifie « manifestation ». À l'Epiphanie, on fête la manifestation de Dieu. Il s'est manifesté de façon étonnante dans la venue de Jésus au sein de l'humanité. C'est la fête de l'Incarnation : Dieu est venu en notre chair. Emmanuel : Dieu parmi nous. C'est Noël.

Dans les traditions orientales, Noël et l'Epiphanie ne sont pas distingués. C'est le même événement. En Occident, on en fait deux fêtes, séparées de quelques jours. Pour l'Epiphanie, d'après le récit de Matthieu, on a mis en valeur la visite des savants, probablement des astrologues, à Jésus bébé. La piété populaire en a fait des rois, les rois mages, et surtout des hommes représentant les races connues : un

Noir, un Jaune, un Blanc. De sorte que cette fête de la manifestation prend un sens nouveau. Dieu ne se manifeste pas seulement au peuple au sein duquel il a choisi de naître. Il vient pour tous. La Bonne Nouvelle annonçant que Dieu s'est manifesté parmi nous n'est pas réservée à une culture, à un peuple ou à une élite. Elle est pour toutes et tous. Destinée inouïe !

Chacun, chacune peut reconnaître aujourd'hui encore la manifestation de Dieu parmi nous. Elle est présente dans le goût de vivre, dans la passion de la justice, dans la recherche humaine de progrès et de vérité. Cette Bonne Nouvelle n'a pas fini de se répandre et d'apparaître sous des jours nouveaux. En effet, chaque être, différent par son appartenance culturelle, sociale ou raciale, qui la fait sienne, l'enrichit de sa particularité. Tout comme les mages sont repartis dans leur pays par un autre chemin, la manifestation de Dieu se fait par des chemins nouveaux, par des canaux nouveaux et prend alors une coloration insoupçonnée.

L'outil de communication Internet est l'un de ces chemins. Il offre des informations dont on peut se saisir à volonté. Il fait craquer les frontières. En empruntant cet outil, la manifestation de Dieu va apparaître encore sous un jour nouveau. C'est dans la mesure où elle est confiée à tous les peuples, à toutes les cultures, à tous les moyens de communication, qu'elle peut tendre vers son plein développement.

III

DES REPÈRES POUR VIVRE

Faits pour vivre ensemble les êtres humains organisent leur vie en société. Ils se donnent des repères et des balises. C'est le rôle de la politique et des institutions tant civiles que religieuses. On parle actuellement de la perte des points de repère des jeunes générations. Mais que rejettent-elles exactement ? L'esprit normatif a vécu ; l'esprit de soumission aussi ; les interdits, s'ils apparaissent comme imposés et venant de l'extérieur, sont refusés. Les repères proposés ici sont d'un autre ordre. Ils font appel à la responsabilité et à la liberté. C'est l'être humain en plénitude qui devient la norme des normes. L'engagement de chacun dans l'établissement de règles de vie est sollicité. C'est parfois plus exigeant à la fois pour les individus et pour les instances législatives, que de se contenter d'obéir à une volonté supérieure.

Si nous ouvrons ce chapitre par la morale, ce n'est donc pas afin de tout réglementer en fonction d'une autorité supérieure voire divine, mais plutôt pour montrer dans quel esprit doivent se prendre les lois et les diverses prescriptions nécessaires à la vie en société. Ensuite, plusieurs champs de l'existence humaine sont balayés pour y repérer les valeurs ou les problèmes et tenter de les vivre de la façon la plus harmonieuse possible. C'est ainsi qu'au cœur des réalités familiales, le mariage apparaît comme une libre démarche d'engagement, rencontrant, pour les croyants, la démarche d'alliance de Dieu. Au cours de toute vie se présentent des moments particulièrement difficiles : la décision d'un avortement ou le désir de maîtriser sa fin de vie par l'euthanasie. De nouvelles valeurs de société interrogent les pratiques habituelles : par exemple, quelle est la place aujourd'hui du travail dans la vie ? Selon quels critères va-t-on opérer des choix ? Il n'y a pas de solution parfaite et c'est d'abord devant soi-même que l'on est responsable de ses choix. C'est ainsi que nous pouvons agir de façon vraiment humaine.

Une société doit faire face à un certain nombre de problèmes, mais dans quel esprit peut-elle légiférer ou sanctionner ? Quand elle est confrontée à la violence en son sein, comment la gérer sans entrer dans une spirale sans fin ? Comment se situer devant le flot des immigrés ? À l'échelle mondiale, face à l'explosion démographique, que faire ? C'est dans une optique de convivialité que l'on doit construire la vie en société et c'est à cela que sert la politique, qui a besoin d'être réhabilitée pour jouer pleinement son rôle. L'engagement de la responsabilité de chacun dans cette construction amène à réfléchir à ce que sont l'autorité, le pouvoir, l'obéissance et son corollaire : le droit de dire non, voire la transgression au nom d'un bien plus grand. Toute loi et toute réglementation sont au service de l'être humain et non l'inverse ; « le sabbat est fait pour l'homme et non l'homme pour le sabbat ». C'est pourquoi toute sanction doit laisser une porte ouverte sur l'avenir. Cela justifie l'abolition de la peine de mort, qui, dans les pays où elle est adoptée, marque le franchissement d'un seuil; le devenir humain est le ferment de toute vie sociale.

LA MORALE EN CRÉATION PERMANENTE

Aujourd'hui, les personnes comme les instances publiques se trouvent fréquemment confrontées à des problèmes éthiques inédits. Tels ceux posés par le sida, la pédophilie ou, récemment, par l'octroi d'indemnité à un handicapé profond qu'un médecin a laissé naître, à l'encontre de la demande des parents. Lorsque surgit une situation nouvelle, on ne peut plus, comme jadis dans un monde plus stable, se référer à des règles morales incontestées, à des normes largement reconnues, pour juger ce qu'il est bon de faire. Il faut chaque fois analyser les fondements des normes établies et accepter, avec prudence, le risque d'élaborer du neuf.

Ne faire qu'appliquer les règles établies, auxquelles on confère une adhésion intérieure, peut suffire dans la vie courante à éclairer notre conduite. C'est lorsqu'une interrogation nouvelle se présente que, ne disposant pas de solution toute faite, le sens moral est le plus clairement sollicité, engagé. À ce moment-là, ce ne sont plus des règles préétablies qui nous guident, mais une exigence intérieure de conscience et de responsabilité. Interviennent alors, non des solutions préfabriquées mais quelques grandes perspectives d'ordre moral, qui nous permettent d'élaborer une réponse prudentielle à la situation inédite qui se présente.

Quand il s'agit de questions qui nous concernent directement, il importe tout d'abord de prendre un peu de recul vis-à-vis de soi-même et des sentiments qui se bousculent en nous, afin de capter avec suffisamment de lucidité les données réelles du problème.

Il est bon alors d'en parler à quelqu'un en qui nous avons confiance, non pour qu'il nous donne une réponse, mais afin d'être aidé à mieux détecter tous les éléments du problème. Adopter sans plus une solution proposée par un tiers (ce qui serait d'ailleurs une erreur de sa part), ce serait démissionner de notre responsabilité. Et surtout n'être guère capable d'assumer la décision prise, car on ne s'engage bien et de tout son être que dans une décision choisie personnellement.

Il ne s'agit pas d'élaborer une réponse idéale, mais de tenir compte le moins mal possible des divers éléments, en partie inconciliables, qui font précisément la complexité de la situation. Il nous faut accepter la part d'ombre que comportera nécessairement toute solution concrète.

Il est indispensable que nous nous sentions en même temps impliqués dans les grands problèmes de société. C'est à tort qu'on laisse aux « experts » l'appréciation ultime de ce qui est valable et bon. Ceux-ci, trop marqués par le domaine précis de leur recherche, ne sont pas nécessairement les mieux aptes à en mesurer les répercussions et conséquences dans la vie concrète. C'est en dernière analyse l'appréciation des uns et des autres à la base, qui permettra l'élaboration des valeurs et des lois aptes à régler la vie en communauté. Les lignes de conduite valables ne peuvent qu'émaner de l'expérience vécue, et des évaluations qui s'en dégagent progressivement.

Tout en évitant, autant que possible, des expériences manifestement inacceptables, ne faut-il pas laisser au temps le temps de clarifier peu à peu ce qui est constructif et valorisant pour les personnes comme pour la société ? D'où le danger de jugements immédiats et catégoriques. En portant des jugements a priori et trop rapides sur des situations nouvelles, on s'empêche de découvrir peu à peu des éléments multiples et complexes qui les composent.

La première tâche d'une authentique morale n'est d'ailleurs pas de réglementer la conduite humaine. Ceci appartient davantage au droit. Plus que de déterminer ce qu'il faut faire, l'impulsion primordiale de l'éducation morale est d'éveiller les consciences, c'est-à-dire la capacité de juger par soi-même, de poser des actes personnels, d'accéder à la liberté responsable et solidaire. Plutôt que ce que l'on doit faire, il importe de découvrir peu à peu comment agir pour que nos actes soient, non grégaires, mais authentiquement humains. Objectif d'autant plus essentiel lorsqu'il s'agit d'une morale d'inspiration religieuse, car ce sont des êtres libres, capables d'adhésion personnelle, que Dieu, le Dieu de Jésus Christ, appelle à la rencontre. « Quand on a connu, dit Dieu, d'être aimé par des hommes libres, les prosternements d'esclaves ne vous disent plus rien » (Péguy) !

LA MORALE À LA LUMIÈRE DE LA FOI

Les religions, qui ont comme objectif de faire le lien entre l'au-delà, Dieu, et notre humanité, élaborent tout normalement un code de vie pour leurs adeptes. Car, s'il y a une relation entre notre monde et un au-delà, l'existence humaine prend normalement un autre sens et une densité nouvelle, qui rejaillissent nécessairement sur notre cheminement terrestre.

Cependant, au départ d'une alliance transcendante, les religions courent souvent le risque de se transformer avant tout en code moral, utilisant la référence « divine » pour donner une autorité accrue, voire absolue, aux réglementations qu'elles énoncent. Se justifient alors tous les immobilismes, au nom d'un prétendu ordre divin situé dans l'intemporel. Le danger est grand d'échapper ainsi à la saine recherche et aux clarifications permanentes de l'expérience vécue.

Lorsque les religions témoignent insuffisamment, par leur manière d'être, de l'émerveillement de savoir que « Dieu est avec nous », elles ont alors tendance à se retrancher dans un rôle moralisateur. Loin d'être libératrice, leur morale est au contraire étouffante, en l'absence de ce souffle et de cette espérance. Trop tentées de prescrire tout de suite comment chacun devrait agir, les instances morales compromettent fréquemment leur objectif premier qui est de faire accéder chacun à la dignité humaine d'un être personnel.

Au lieu d'être au service d'une morale à dominante normative, qui multiplie et précise sans cesse les règles de comportement, la religion doit avant tout élargir l'horizon du cheminement humain, montrer l'ampleur de l'existence terrestre, le sens de l'ouverture sur l'éternel. Elle devrait ouvrir sur l'émerveillement de nous savoir aimés de Dieu ; émerveillement qui nous renvoie d'autant plus à notre responsabilité créatrice.

Jésus n'a pas apporté de règles précises de comportement. Il a incité chacune et chacun à oser être responsable (« Pourquoi ne jugez-vous pas par vous-mêmes ? »). Il a aidé le boiteux, l'aveugle, le paralytique à ouvrir les yeux, à se mettre debout : « Va, ta foi t'a sauvé !» Il a lutté sans cesse contre des lois contraignantes. Sa Bonne Nouvelle est un message de libération et d'amour, qui prend toute sa densité dans la perspective d'une présence, d'un amour inconditionnel, au cœur du difficile cheminement humain. Il y a Dieu, lui qui le premier nous a aimés.

Il est certes normal que la foi en Dieu suscite une modification de l'agir humain, mais non dans le sens d'une réglementation de plus en plus minutieuse de nos comportements. Le Dieu de Jésus-Christ est un Dieu de libération et d'amour, qui croit en l'être humain, en sa capacité de responsabilité et de saine liberté.

LE MARIAGE, SACREMENT DE LA RENCONTRE

Parmi les grands tournants de l'existence, l'engagement dans une vie à deux constitue incontestablement une étape décisive qui, pour les chrétiens, prend tout son sens dans une célébration sacramentelle. Si la présence vivifiante de Dieu marque notre vie entière, jusque dans ses moindres détails, il est bon d'en prendre plus particulièrement conscience à ces moments privilégiés. Comment Dieu, qui est amour, se désintéresserait-il de notre vie à chacun et des liens qui nous unissent ? L'engagement dans une vie à deux est un de ces temps forts de l'existence.

Le mariage est une institution humaine, établie selon des normes promulguées par la société civile. Ce n'est donc pas l'Église qui marie. Mais elle réassume en quelque sorte cet engagement dans une liturgie sacramentelle. Car, en célébrant l'amour conjugal, elle annonce et proclame que Dieu est au cœur de cet amour, qu'il en est la source, qu'il le vivifie et en révèle la dimension infinie.

Le sacrement de mariage est la rencontre entre la présence aimante, gratifiante, de Dieu et l'engagement dans l'amour de deux êtres qui unissent leur existence pour s'épanouir l'un l'autre et, riches de cette entraide, devenir ensemble créateurs de vie et d'amour. Ils le seront non seulement par les enfants qu'ils mettront au monde, mais aussi dans tous les aspects d'une existence qui se veut marquée par la Bonne Nouvelle de Jésus.

Si la célébration du mariage revêt une solennité particulière le jour où les conjoints expriment publiquement leur engagement au cœur d'une communauté qui se retrouve dans la ferveur et la prière, le sacrement ne se limite nullement à cette démarche inaugurale. Leur mariage devient de plus en plus sacramentel tout au long de leur vie, dans la mesure où leur amour, marqué du souffle de l'Esprit, s'incarne dans leur vie quotidienne.

Ainsi, le sacrement de mariage, alliance entre une démarche humaine et l'inspiration divine, s'inscrit dans le devenir d'un couple appelé à rayonner de la flamme qui l'anime au sein d'une famille et dans une société qui a particulièrement besoin de ce ferment de solidarité et d'amour.

QUE DEVIENT LA FAMILLE ?

Parmi les domaines qui structurent la vie en société, la famille tient une large place. Elle connaît d'importantes transformations. À côté de la famille fondée sur le mariage, existent aujourd'hui des familles de cohabitants ; à côté des familles dites intactes, le divorce ou la séparation engendrent des familles monoparentales ; enfin des recompositions diverses se mettent en place : toutes différentes selon qu'il y a mariage ou non, selon le nombre d'enfants existants d'un côté et de l'autre, selon leur âge et selon la venue de nouveaux enfants. On peut aussi recomposer une famille stable ou aller de recomposition en recomposition.

Malgré ces éclatements et ces diverses recompositions, la famille demeure pourtant une valeur plébiscitée. La crise met en péril un type de famille classique, qui date du XIXe siècle et nous sert de référence. Celle-ci était caractérisée notamment par la division stricte du travail entre l'homme et la femme, rendant la femme dépendante de son mari. On ne peut en faire un idéal absolu. Plutôt qu'à la fin de la famille, on assiste à la naissance d'une pluralité de familles. « Les individus continuent à croire que la famille constitue un des moyens idéaux pour être heureux et pour se réaliser soi-même », comme le signale le sociologue François de Singly. Le foyer reste le lieu chaud de l'intimité, de l'amour inconditionnel, du ressourcement et de l'épanouissement. Toutes les formes familiales nouvelles tendent, avec plus ou moins de bonheur, à réaliser cet idéal.

La crise de la famille n'est pas imputable au rejet de toute valeur, mais à l'émergence de valeurs nouvelles importantes, due à des changements culturels, qui modifient la conception que l'on avait de la famille.

Mentionnons la forte demande d'autonomie et de liberté. La personne, homme ou femme, n'est pas seulement conditionnée par ses appartenances sociales et familiales, mais elle aspire à se construire de façon autonome ; elle recherche une liberté d'action au sein de contraintes sociales. Non seulement c'est une valeur à respecter, mais c'est une valeur d'humanité à promouvoir.

Les progrès médicaux - faible taux de mortalité infantile, maîtrise de la fécondité - ont permis de sortir de la fatalité pour accéder à une vie plus responsable. Il s'agit d'un changement qualitatif de comportement.

La mouvance du monde et la gestion du temps, à la fois accéléré (tout va plus vite) et prolongé (augmentation de la durée de la vie humaine), impliquent des trajectoires personnelles non déterminées à l'avance et offrent des opportunités de vie ou de séquences de vie plus variées et plus nombreuses. La vie n'est plus toute tracée selon des modèles anciens. C'est ainsi que se développent les valeurs d'adaptation et de créativité.

Le bonheur et l'épanouissement que l'on attend d'une vie de couple n'est pas à dévaluer au nom d'un certain réalisme, mais plutôt à approfondir. Le sentiment amoureux est l'un des bonheurs de l'humanité.

Enfin, l'aspiration des femmes à des relations plus justes et à un meilleur partage des tâches et celle de certains hommes à sortir aussi de leur rôle social extérieur au foyer conduisent à des valeurs de partenariat, nécessaires à la construction des familles d'aujourd'hui. Ces aspirations interrogent aussi la toute-puissante valeur économique du travail, qui néglige les valeurs relationnelles.

On ne peut que respecter l'émergence de ces valeurs et concourir à les développer. Ce respect va de pair avec une confiance faite à l'être humain dans son aptitude à découvrir des solutions nouvelles et à gérer sa vie en personne responsable.

Les institutions civiles ou religieuses sont perçues comme enfermement et blocage. Pour rester au service d'une nécessaire stabilité des couples et des familles, elles ont à intégrer et à développer une conception de la vie comme histoire ouverte et évolutive. Le mariage chrétien est à envisager dans cette perspective.

UN CHOIX DOULOUREUX : L'AVORTEMENT

Souvent des femmes ou des jeunes filles, qui viennent se faire avorter et qui souffrent, témoignent. Leur souffrance est double. La peine vient d'abord « de l'intérieur » ; bien que décidée et certaine qu'elle n'a pas d'autres choix, la femme qui vient de se faire avorter ressent un terrible désespoir. « Il n'y a rien de pire qui puisse arriver à une femme », raconte cette jeune fille de dix-neuf ans. Cette souffrance-là, on ne peut l'ignorer, on ne peut la gommer. L'avortement est une blessure, un arrachement.

L'autre souffrance vient de l'extérieur. C'est la condamnation des autres, des tenants d'un certain ordre moral, des commandos anti-IVG qui épisodiquement se manifestent. L'extrême droite et l'intégrisme religieux se donnent la main pour mener cette croisade. Comment pourtant ne pas redouter ces nouveaux croisés qui entendent imposer leur vérité par la force ? Vouloir régenter les consciences est toujours un funeste danger. Vouloir, comme dans certains pays, supprimer la loi existante qui dépénalise est un dangereux retour en arrière. Il est du devoir de notre société d'empêcher les avortements clandestins si dangereux pour les mères.

Dans la manière d'orienter notre vie, d'incarner dans notre existence quotidienne les grandes valeurs humaines et chrétiennes, nous sommes éclairés par les apports de la morale et les appels de l'Évangile. Ainsi aidés et soutenus, il nous faut, en dernière analyse, prendre la responsabilité des décisions minimes ou graves qu'exige la vie de tous les jours.

À certains moments, on peut se trouver devant des choix particulièrement complexes, parce que divers appels et valeurs de vie, aussi importants soient-ils, sont, dans telle situation concrète, difficilement, voire totalement, inconciliables. C'est ainsi que peut se poser le problème de l'avortement. Bien qu'il interrompe un processus de fécondité qui a commencé et constitue dès lors un réel échec, est-il toujours et dans toute situation inacceptable ?

Quand on quitte le niveau théorique et général et qu'on devient attentif à la réalité vécue, des questions cruciales se posent et méritent d'être posées. Car « l'avortement » en soi n'existe pas, mais telle femme, tel couple, prenant conscience qu'un processus d'engendrement a commencé à son insu, se demande, souvent avec anxiété, où est désormais sa responsabilité.

La vie humaine est-elle seulement le résultat d'un processus biologique ou demande-t-elle, autant que possible avant la fécondation, mais au besoin dès que les conjoints en prennent conscience, une décision réfléchie et libre ? Toute mise au monde est-elle souhaitable, quelles qu'en soient les conditions, même lorsqu'elle met en péril bien d'autres réalités de vie dont on a la responsabilité : le couple, les enfants déjà mis au monde, la santé de la mère... ? Cela n'a-t-il aucun sens, aucune importance, qu'une femme (et à travers elle un couple), croyant ne pas être apte, dans telle situation précise, à apporter toutes les ressources de cœur, d'adhésion profonde, d'amour qu'implique une tâche de fécondité réellement humaine, se demande s'il est sage, s'il est légitime, d'assumer cette fécondation biologique et d'en poursuivre l'engendrement ? Est-ce faire œuvre de mort ou interrogation vitale, lorsque différentes valeurs de vie, à certains moments concrètement inconciliables, requièrent des choix et des renoncements douloureux, dramatiques ? C'est le statut de la conscience comme règle ultime de l'acte moral qui est en cause ici.

Il ne s'agit cependant pas de banaliser la réalité de l'avortement. Elle est grave ; elle engage des valeurs importantes. C'est pourquoi il est nécessaire que restent posées et ouvertes les interrogations multiples qu'elle suscite. Entre autres, la question qui restera toujours insoluble, de savoir quand et comment on devient personne humaine.

Et pourquoi se focaliser sur cette seule question, alors que le contentieux à l'égard de la vie est autrement plus large ? Tant de situations de mort dans le monde présent méritent, beaucoup plus gravement encore, attention et vigilance. Pensons à toutes les situations de mort violente : guerres, condamnations à mort, aux imprudences entraînant la mort, aux violences publiques et privées.

Aucune loi ne dispense de cet appel à la responsabilité personnelle, où la conscience de chacun est engagée. Mais pour que chacun puisse dire oui à la vie, la société doit s'interroger sur la réalité et l'ampleur de sa justice sociale et de sa solidarité.

L'EUTHANASIE ET LA MAÎTRISE POSSIBLE DE SA FIN DE VIE

L'euthanasie soulève des questions particulièrement délicates, auxquelles les législateurs pourront de moins en moins se dérober. Comment entourer et soutenir les personnes pour que la dernière étape de la vie reste conforme à la condition humaine ? Quelle aide leur apporter, quelles solidarités susciter, pour permettre à celles et à ceux dont la santé se dégrade de continuer à vivre dans les conditions les plus acceptables possibles ? Mais aussi, quelles mesures prendre, dans des cas limites, pour protéger la personne contre ceux qui, par lassitude ou par appât d'un héritage convoité, voudraient hâter la mort ? Situations diverses et multiples, que les responsables du bien commun sont amenés à affronter.

Certes, le développement des soins palliatifs, et autant que possible à domicile pour ne pas être coupé de son milieu de vie, constitue aujourd'hui un apport particulièrement heureux. Il ne supprime cependant pas l'interrogation la plus fondamentale, qui nous concerne tous : quel est le sens de la vie, comment garder le désir, le goût de vivre, même dans des conditions difficiles, douloureuses, spécialement lorsque la santé physique et/ou mentale se détériore ?

Notre époque a tendance à privilégier la fortune, la beauté physique, la compétitivité qui écrase, les réussites extérieures... Au point qu'on est tenté, lorsque les circonstances sont plus lourdes à porter, de penser que la vie n'a plus de valeur et n'est plus supportable. Mais, qu'est-ce donc qui donne sens à la vie, qu'est-ce qui fait qu'elle vaut la peine d'être vécue, que la relation à soi-même et aux autres reste tonifiante ? Les humains gardent toute leur valeur et vérité profonde, même lorsque la santé s'altère, que les forces diminuent.

La question primordiale posée par l'euthanasie est donc celle du sens et du goût de la vie, du bonheur d'être vivant. Recherches humaines et perspectives religieuses peuvent ici se compléter et s'enrichir mutuellement.

Pourtant certains considèrent en toute conscience et responsabilité que leur existence est devenue trop lourde à porter, tant pour eux-mêmes que pour leurs proches. Faut-il les condamner, faut-il leur interdire de prendre les dispositions pour mettre fin à leur vie ? Face à ces interdits, vont-ils reprendre goût à la vie et redonner sens à leur épreuve ?

Certes, la société a bien des mesures à prendre pour éviter les abus et les interventions indues sur la vie d'autrui. Subsiste cependant la question cruciale : la personne humaine peut-elle prendre la responsabilité des conditions dans lesquelles elle termine son existence terrestre et accède à la mort ? Est-ce contraire à notre foi en Dieu, en sa tendresse pour chacun, au respect pour la vie qu'il nous a confiée, à l'utilisation de la liberté responsable qui nous a été donnée ?

Pensons, par exemple, à une personne atteinte d'une grave maladie musculaire, qui en phase terminale désire hâter sa fin pour éviter de mourir d'étouffement. Savoir que si un jour on se trouvait dans des conditions de maladie et de déchéance particulièrement lourdes à porter, on aurait la possibilité et le droit légal de mettre fin à sa vie, va-t-on pour autant perdre goût à l'existence et recourir inconsidérément à cette solution ? On peut penser au contraire que, consciente de cette possibilité, la personne sera davantage désireuse de vivre, même difficilement, non parce qu'elle y est contrainte, mais par un choix et une décision personnels. La liberté est cette extraordinaire capacité d'agir de manière autonome et engagée.

Ce désir de vivre, cet attachement à la vie, aux autres dans des relations vivifiantes, ce ne sont pas des interdictions légales, morales ou religieuses qui vont les insuffler. Il est à craindre que, braqués par ces interdictions, beaucoup ne fassent que subir la dernière phase de leur existence, alors que, par un choix personnel et libre, ils seraient davantage amenés à la valoriser. Choisir de continuer à vivre, malgré les limites et épreuves que l'on endure, donne un sens et une valeur personnelle à cette dernière étape de vie.

UNE AUTRE CONCEPTION DU TRAVAIL

Trouver du travail, perdre son travail, garder son travail... Que de fois entendons-nous ces paroles qui résument à la fois espoir et crainte. Chez les jeunes, le travail représente l'indépendance, l'affirmation de soi. Le futur aussi. Le travail est vécu comme la reconnaissance sociale par excellence. Sans lui, comment bâtir un avenir ? Par le travail, la femme trouve son autonomie. Avec lui, l'égalité des sexes a progressé, même s'il reste encore beaucoup à faire.

Le chômage, qui n'a fait que s'accentuer, est ressenti comme une rupture, une perte de sens. Les jeunes le vivent, au pire comme une sorte de néant, de gouffre sans fin, au mieux comme une zone de transit dont il faut sortir à tout prix.

De leur côté, les adultes sont tout aussi désorientés. Lorsqu'ils sont licenciés, ce n'est pas seulement un emploi qu'ils perdent, c'est pour une part leur identité. Eux qui avaient le sentiment réconfortant d'appartenir à une entreprise comme on appartient à une famille, de n'être qu'un rouage, certes, mais un rouage utile, se retrouvent broyés, laminés, par le vide. Soudain, ils se sentent de trop dans une société qui ne juge le plus souvent l'individu qu'en fonction de sa rentabilité.

L'image du travail comme moteur de la vie sociale semble dépassée. Les transformations, les maturations, la mondialisation économique bouleversent le paysage de l'emploi. On ne travaille pas de la même façon ni dans les mêmes conditions aujourd'hui qu'au début du siècle dernier.

La part des loisirs et de la vie familiale a évolué et évoluera encore. L'époque du plein emploi est révolue. Une autre conception, un autre équilibre du travail est en train de se chercher. La création d'emplois de proximité, justement rémunérés, ne pourra que s'accentuer. Dans le domaine de la santé, de l'éducation... Tout est toujours à inventer. Rien n'est figé.

Le travail ne peut pas être envisagé sous son seul angle économique. Il représente l'activité humaine dans son ensemble, activité qui entretient, qui produit, qui crée. Sous cet angle, il se rapproche de ce qu'on dit de l'activité créatrice de Dieu. Il semble bien, en effet, que cette activité soit transférée à l'être humain, mais, ce faisant, c'est lui qui est devenu responsable de la création et des autres créatures.

C'est un sentiment récent que celui de la responsabilité humaine vis-à-vis de l'environnement. La notion d'exploitation, déjà refusée en ce qui concerne les travailleurs, est mise en question aujourd'hui quand il s'agit des ressources naturelles. De plus en plus, on se rend compte que l'homme et la nature ont partie liée. Le but du travail humain est de créer et non de dégrader.

Tout en gardant son objectif de « gagner sa vie », voire de réussir celle-ci, le travail ne peut évacuer la question du profit. C'est en mettant ce dernier à sa juste place que le travail humain gardera sa noblesse et préparera l'avenir des générations futures en sauvegardant l'épanouissement et la survie de l'humanité. A courir exclusivement après le profit, une société perd son âme. Elle oublie ce que doit être, pour sa propre survie, son combat essentiel : placer toujours l'Homme au centre.

CHEMINER DANS L'IMPARFAIT

Il existe peut-être en chacun, et assez largement dans le grand public, un besoin de situer certains êtres hors du commun, à l'abri des petits côtés et failles de l'existence. Intuition que l'humanité est capable de bien mieux que ce que l'on réalise soi-même. On projetterait ainsi sur certaines personnes qui occupent des situations en vue un idéal vers lequel on se sent peu capable de tendre, mais qui fait rêver. N'est-ce pas sortir certains êtres de la condition commune, tout en se résignant à vivre soi-même dans la médiocrité ?

Pourtant subsiste, au tréfonds de chacun, une aspiration à grandir. Aspiration souvent enfouie, voire étouffée par des conditions de vie et d'éducation infra-humaines. On n'a pas été suffisamment aidé à avoir confiance en soi, à sortir d'un certain repli sur soi pour établir avec autrui des relations franches et vraies, à oser croire en sa propre capacité de faire le bien. Trop souvent aussi nous a été présentée, comme idéal à atteindre, une perfection théorique qui ne se situait nullement dans la ligne de ce que nous étions. D'où le découragement après avoir essayé en vain de nous en rapprocher. La survalorisation de ce qu'on appelait « les états de perfection » a contribué également à nous renvoyer, déçus, à la réalité de notre route à parcourir. En revanche, Jésus, comme nous le montrent les Évangiles, rendait confiance à chacun. « Lève-toi et marche », dit-il au paralytique. Or, nous sommes tous, quelque peu ou grandement, des paralysés de l'existence !

Il manque, tant pour soi-même que pour l'acceptation d'autrui, une pédagogie du cheminement dans l'imperfection. C'est en effet dans des conditions souvent difficiles, où interfèrent des besoins et appels divergents, qu'il importe d'avancer. Avec la conscience qu'un mieux est possible, qu'un pas en avant est réalisable ici et maintenant. Alors, on n'exige plus des autres qu'ils soient sans difficultés ni failles. Et l'on redécouvre pour soi, avec la confiance dans ses possibilités, le désir de s'affiner, de grandir moralement. Dégagé d'une culpabilité paralysante à l'égard des faux pas, on peut devenir attentif aux appels à déployer le meilleur de soi.

N'attendons, ni de nous-mêmes ni des autres, une perfection qui n'est jamais donnée en commençant, mais vers laquelle on chemine pas à pas, à son rythme, soutenu par l'attention que l'on porte aux autres et par la confiance qui nous est faite. Alors se développe le vrai sens de la responsabilité dans un monde en devenir, où l'apport de chacun, quelle que soit sa sphère de vie et d'action, constitue un chaînon indispensable au mieux-être de tous.

AGIR DE FAÇON VRAIMENT HUMAINE

Qui ne se pose cette question ? Car tous les actes que je pose, tous les actes que les autres posent ne sont pas nécessairement humains, dignes de ce que nous sommes ou pouvons être.

Combien de réactions sont purement instinctives, non réfléchies, non personnelles, dictées par la peur, la révolte parfois, la pression excessive de l'entourage... ou même la contrainte indue de la publicité ? En tout cela, suis-je moi-même ? Où en est ma possibilité de décision personnelle, de liberté et de responsabilité ?

Pourtant, j'aspire à exister personnellement, à agir de manière lucide et responsable, à devenir davantage autonome.

Être autonome ne veut nullement dire se replier sur soi-même, s'isoler dans une sorte d'autosuffisance. Je n'existe que comme être de relation. Mais il n'y a de relation vraie, stimulante, vivifiante, que si j'existe de manière personnelle et si les autres peuvent être eux-mêmes, différents, personnels, eux aussi. Dans une discussion, dans un conflit de société, par exemple lors d'une sanction prise dans le milieu de travail, il ne s'agit pas de suivre simplement les réactions de l'ensemble. L'apport de chacun, résultat d'une réflexion personnelle quant aux enjeux, aux objectifs, aux conséquences, est indispensable. La relation, la communication, le dialogue véritable, la solidarité engageante sont à l'opposé des réflexes et attitudes grégaires.

Être autonome, c'est en définitive agir par décision personnelle, pour des motifs qui sont miens, au nom de ce que je crois valable. La raison de l'acte que je pose est en moi, même si elle est marquée par les exigences de la réalité, par la confrontation d'avis différents, par des impératifs contraignants. C'est en tenant compte de ces divers éléments que j'ai à me décider. Finalement, le choix se situe en moi.

J'agis dans tel sens, non parce qu'il faut, mais parce que, tout bien considéré, j'opte pour ce qui me paraît valable. Émanant d'une liberté, mes actes prennent alors leur densité humaine.

C'est d'abord et avant tout vis-à-vis de soi-même que l'on est responsable, que l'on a à répondre de ses actes, de ses choix de vie.

COMMENT PEUT-ON SORTIR DE LA SPIRALE DE LA VIOLENCE ?

La violence est partout et en chacun de nous : dans la rue, à la télé, à l'école, sur les routes... D'où l'exigence impérieuse de sécurité. La violence continue de sévir entre les peuples, et les guerres de religion ne sont hélas pas terminées. Dans les pays de dictature, la répression est quotidienne et la pratique de la torture courante.

La violence s'exerce par des rapports de domination entre riches et pauvres. Broyés par des logiques institutionnelles, des millions d'hommes et de femmes vivent, survivent dans des situations impossibles. Aujourd'hui, on ne peut pas dire qu'on n'est pas informé. On sait.

Qui ne se souvient de cette image bouleversante qui a fait le tour du monde ? Un jeune homme se dresse devant la colonne de chars qui roulent vers la place Tiananmen. Incroyable face-à-face. Le premier tank s'immobilise. Un petit homme sans arme tient tête aux canons. Nous sommes au printemps 1989. Cet inconnu nous représente tous avec nos mains nues, notre sincérité, notre désir de paix.

La non-violence n'est pas le refus de se défendre. Elle n'est pas de la non-résistance, encore moins de la passivité. C'est une action. C'est un combat. C'est lutter autrement pour résoudre les inévitables conflits de la vie. On peut lutter pour la justice et la dignité de l'homme et de la femme sans haïr et sans tuer. L'expérience nous apprend, à nos dépens, que nous subissons la violence que nous exerçons sur autrui. En détruisant mon adversaire, je me détruis moi-même.

La non-violence respecte l'adversaire. Elle vise à éveiller les consciences et à toucher les cœurs. Alors que la violence s'oppose toujours à l'humain et pervertit les relations humaines, la non-violence reconstitue le tissu des relations humaines. Elle crée de nouvelles relations entre les personnes. Elle est une action réfléchie, soucieuse d'efficacité qui ne fait pas l'impasse sur l'analyse des situations et des rapports de force.

Elle met en œuvre des stratégies, des moyens de non-coopération à des situations inacceptables. D'où les échecs possibles, la non-violence ne peut tout résoudre. Elle n'est pas la seule alternative possible à la violence. La non-violence est un bien commun de l'humanité. Elle est à la disposition du plus grand nombre. C'est l'arme des pauvres et des faibles. Aucune religion n'en a le monopole

Il est heureux qu'aujourd'hui on commence à mettre en œuvre une culture de la non-violence dans les familles, les écoles, les églises... La non-violence est d'abord une attitude intérieure, un état d'esprit, une manière de faire qui découle d'une manière d'être. Elle ne se délègue pas et ne se décrète pas. C'est un choix personnel qui peut devenir aussi un choix de société.

ACCUEILLIR L'ÉTRANGER

Les pays de la communauté européenne durcissent leur législation vis-à-vis des étrangers. Des lois répressives en font des suspects. Des lois qui vont se révéler souvent inhumaines dans leur application.

Les étrangers sans papiers sont jetés dans le désespoir et connaissent l'insécurité au quotidien. « Sans papiers », ils n'existent pas. Ce sont des « sans-droits ». Qui aura été témoin de la détresse de ces familles et de ces jeunes qui ont accompli en vain le circuit des démarches administratives pour être régularisés ? Qui comprendra leur peur d'être refoulés dans leur pays ? Désespérés, ils occupent des églises, entament une grève de la faim, n'hésitent pas à mettre leur vie en danger.

Il y a ceux qui, arrêtés par la police, connaissent les sinistres centres de rétention. Des camps de souffrances isolés du reste du monde. Ils sont embarqués de force dans des avions, menottés, scotchés, parfois drogués. Il y a eu des morts : scandale et honte.

Dans un contexte économique difficile, l'opinion publique n'est pas favorable aux étrangers, qui deviennent les responsables de tous nos maux. Le fait que des étrangers, musulmans pour la plupart, choisissent d'occuper des églises pour y trouver refuge, n'est-ce pas un appel adressé aux chrétiens ? La place des chrétiens est à leurs côtés. Un étranger, avant d'être un problème, est un être humain. Avant d'être un « sans-papiers », c'est un frère. « J'étais étranger et vous m'avez accueilli » (Mt 25, 35).

Les Églises sont porteuses d'un grand message de libération de l'homme. Dans leurs traditions, elles sont liées à l'accueil de l'étranger.

L'EXPLOSION DÉMOGRAPHIQUE

L'énorme accroissement de la population mondiale pose des problèmes d'une particulière gravité. Il met avant tout en évidence la criante injustice dans la répartition des ressources entre les pays riches et le Tiers-Monde, mais aussi entre catégories de la population à l'intérieur d'une même région. Le luxe insensé et la futilité du mode de vie de certains coexistent avec les dénuements les plus entiers. Une autre gestion des ressources humaines s'impose coûte que coûte.

Cependant, même si chacun, quel que soit son niveau de responsabilité, participait activement à l'élaboration d'un monde enfin viable pour tous, la croissance de la population dans de nombreuses régions et pour l'ensemble de notre univers continuerait à poser des problèmes majeurs. Certes, notre Terre est théoriquement capable d'héberger davantage encore d'habitants dans des conditions valables. Mais le rythme hyperaccéléré de cette croissance - la population du monde a quintuplé entre 1930 et 2000 - ne permet pas d'assurer, outre les biens de première nécessité, les ressources pédagogiques, éducatives, culturelles, sociales... que requiert une existence humaine digne de ce nom.

Le « croissez et multipliez-vous » du livre de la Genèse (1, 28) se situe aujourd'hui dans une tout autre perspective que lorsque, au début du monde, il s'agissait de peupler la Terre et surtout de la féconder pour qu'elle suscite et permette une existence digne de l'humain.

Jusqu'assez récemment, et peut-être encore actuellement en certaines régions, dominait une crainte permanente pour la survie de l'espèce. Il fallait autrefois mettre dix ou quinze enfants au monde pour que trois ou quatre d'entre eux arrivent à l'âge adulte. De nos jours, bien au-delà du nombre, c'est davantage la qualité de la vie à transmettre qui devient, légitimement, la préoccupation des parents. Dans un univers sans cesse plus complexe, il ne s'agit pas seulement d'assurer la vie biologique, mais toutes les ressources d'éducation, de culture, de cœur... qui font la vérité et la densité humaine de l'existence.

À ce propos, on peut se demander si le fléau du sida n'appelle pas d'autres réactions de la part de l'Église que l'absence de toute relation sexuelle. Certes, cette absence évite le danger de contamination. En rester à cette seule réponse, c'est, en manquant de réalisme, laisser se propager une situation source de tant de souffrances et de dégâts, entre autres à l'égard des enfants contaminés dès leur mise au monde. La fécondité, indispensable certes, n'est pas la seule justification de la sexualité humaine. Celle-ci, vitale pour la relation entre les êtres, constitue un lien normalement indispensable et précieux entre conjoints. Dans les situations nombreuses où la relation sexuelle correspond au bien des partenaires, l'emploi du préservatif est une exigence de respect et de justice, lorsqu'il y a danger de contamination.

De façon plus générale, et bien au-delà de la question précise de l'explosion démographique, il importe de se demander s'il incombe aux religions d'intervenir de manière déterminante et normative dans le concret des multiples et graves questions éthiques que pose le monde présent. S'il leur appartient de rappeler les grands appels de solidarité, de justice et d'amour, ont-elles les éléments, et au nom de quoi, pour déterminer les règles précises de l'agir humain, dans le contexte d'aujourd'hui ? D'autant plus qu'elles ont tendance à y mettre sans cesse de l'absolu et à imposer des normes prétendues définitives dans un univers en constante mutation et pour des situations souvent largement diversifiées.

Si Jésus, par sa manière d'être plus encore que par ses paroles, a témoigné des grandes valeurs qui l'animaient, il ne s'est jamais fait le porte-parole de normes précises. C'est d'ailleurs ce qui donne, encore deux mille ans après, une portée universelle à sa Bonne Nouvelle.

Nous attendons des religions qu'elles élèvent sans cesse le débat, en proclamant, à temps et à contretemps, avant tout par leur manière d'être, les grandes perspectives qui donnent sens, consistance humaine et joie de vivre au monde présent. C'est d'un tel message dont nous avons besoin,

VIVRE ENSEMBLE : UNE TÂCHE POUR UN AVENIR COMMUN

Dès le départ de la vie, chacun cherche à être reconnu, à trouver sa place comme être personnel. Mais il importe que cette exigence, combien légitime, s'élargisse progressivement à la reconnaissance et à l'acceptation des autres, de tous les autres. Ce qu'on revendique à juste titre pour soi, comment ne pas le vouloir également pour autrui ?

L'égalité des droits est une exigence essentielle et vitale dans un état démocratique. Et chaque jour on est appelé à lutter pour que soient reconnus et respectés les droits des plus démunis, de ceux précisément qui sont ignorés, écrasés, lorsqu'un impératif de citoyenneté ne les protège pas. La convivialité, qui s'exprime de manière très concrète dans les combats pour le respect des droits de chacune et chacun, est une réalité plus large encore ; elle recouvre l'ensemble des attitudes, petites et grandes, qui permettent et valorisent la vie en société. Nous avons tous besoin d'une éducation à la citoyenneté.

La convivialité est l'attitude foncière de celui pour qui le bien des autres - et en particulier de ses concitoyens - est indissociable de son bien-être personnel. Vivre ensemble s'apprend, se découvre déjà dans les détails de la vie quotidienne. Devenir attentif aux répercussions sur autrui de nos propres comportements crée des réflexes de sociabilité qui, portant d'abord sur des petits riens de la vie de tous les jours, suscitent progressivement en soi une égale attention aux autres lorsqu'il s'agit de choix plus importants de l'existence personnelle et communautaire. Ce qui atteint les autres, leurs joies comme leurs difficultés, nous touche en quelque sorte nous-mêmes. Ainsi s'acquiert peu à peu la sensibilité à chacun, à ses besoins, à ses nécessités vitales, à son bien-être.

Le vivre ensemble a en même temps une dimension politique. Il se vit dans le respect des règles établies en commun pour le bien de tous. Il implique également de contribuer à faire évoluer les lois pour les adapter aux situations nouvelles : travailleurs sans papiers, chômeurs, retraités, immigrés.... Cette attention à autrui est le point de départ et le nœud de la vie morale. Elle nous situe comme êtres de relation, dont le propre essor et le bonheur personnel sont liés au bien-être des autres. N'est-ce pas l'invitation de Jésus à « aimer son prochain comme soi-même » ? Une telle préoccupation du prochain, du différent, de l'immigré, de l'étranger..., dépassant la générosité, devient une exigence personnelle, dont on est soi-même grandement bénéficiaire, car elle élargit le cœur, libérant des soucis trop ego-centrés.

Ou bien la vie se mue en une recherche effrénée, toujours inassouvie, de ses intérêts personnels, ou bien elle se déploie dans un vivre avec où, dépassant le calcul méticuleux de ce que l'on donne et de ce que l'on reçoit, les valeurs de justice, d'équité, de solidarité deviennent prépondérantes. Alors peut se dessiner un avenir commun fait de respect réciproque et de responsabilité solidaire.

RÉHABILITER LA POLITIQUE

La politique n'a pas bonne presse. Les « affaires » pourrissent ce milieu et en détournent les bonnes volontés. La division des partis et la confusion qui s'ensuit brouillent les enjeux. La masse d'informations reçues éclaire difficilement la complexité des situations. Le sentiment d'impuissance qui en résulte rend amorphe. La tentation est grande de se désintéresser. Des abstentions importantes lors des élections en sont le signe. Et pourtant, c'est de notre vie ensemble dont s'occupe la politique, c'est le fonctionnement de la démocratie qui est en jeu. Même imparfaite, celle-ci est une chance offerte, qu'il ne faut pas manquer de saisir, de peur de voir s'installer un régime totalitaire, dont l'histoire, passée et actuelle, nous montre les ravages. La politique est l'art du possible. Elle ne peut pas tout, ni tout de suite. Elle est faite de choix et de compromis. Ce que l'opinion publique ne pardonne pas, c'est la compromission.

Tout comme les autres citoyens, les chrétiens ne peuvent se montrer indifférents à la politique. Davantage même, leur idéal religieux les pousse à se soucier du bien commun, de la justice pour tous, de l'amour mutuel. Pour eux, il n'y a pas d'un côté la cause des hommes et de l'autre celle de Dieu. Les deux sont liées.

Aujourd'hui, la politique prend une dimension et une ampleur nouvelles. On ne réfléchit plus seulement à l'échelle d'une nation, ni même à l'échelle d'un continent, mais on prend conscience que c'est l'ensemble du monde qui est concerné par les problèmes économiques ou écologiques, par la paix et la sécurité ou par les questions de bioéthique. La mondialisation est une réalité qu'il convient de prendre en charge, sans l'encenser ni la diaboliser. De la même façon, on se rend compte que le rôle de la politique déborde la simple gestion du quotidien. Il faut faire intervenir le long terme dans toute décision. Ce sont les conditions de vie des générations à venir qui sont en jeu. Ces préoccupations dépassent évidemment toute politique politicienne, centrée sur les intérêts d'un groupe ou d'une catégorie. La politique est à envisager comme une œuvre collective obéissant à quelques grands principes, qui ne sont pas étrangers à la philosophie chrétienne : le primat de la dignité de la personne humaine, l'esprit de service et non de domination, l'importance à accorder au genre de vie que l'on mène plutôt qu'à son niveau de vie, privilégier les relations de réciprocité plus que l'accumulation des biens...

Pour que la politique devienne vraiment l'affaire de tous, il faut jouer à fond ce qu'autorise la démocratie. Le rôle des citoyens et des citoyennes, encore trop souvent absentes des instances politiques, est de faire remonter leurs préoccupations vers leurs élu(e)s. La pratique du vote est le lieu privilégié de l'expression des citoyens.

De leur côté, les mandataires politiques, ceux et celles qui sont élus, doivent rester attentifs à ce qui se cherche, s'exprime et se vit à la base. Une loi n'a de portée que si elle s'appuie sur un large consensus. Il convient donc de respecter l'évolution des populations, car on ne change pas la société par décret, mais les mentalités évoluent et s'affinent au cours d'un processus fait de proximité, d'écoute et de participation de tous et toutes à tous les niveaux. Ainsi pourra-t-on opérer les réformes profondes qui s'imposent et anticiper sur le futur.

AUTORITÉ ET POUVOIRS

Le dictionnaire définit l'autorité comme « le droit de commander, de se faire obéir ». On est loin du sens premier du mot, désignant le fait d'être « fondateur, instigateur ». Sens autrement plus riche et plus vivifiant. Être « autorité », c'est aider à exister, à grandir, à se déployer; c'est contribuer à la croissance, au devenir d'une personne ou d'un groupe. Pour ce faire, il n'est pas nécessaire d'avoir une fonction, un mandat. Chacun peut agir ainsi vis-à-vis des siens, de son entourage, de ceux avec qui il vit, il travaille, il s'engage. Il s'agit essentiellement d'une qualité d'être, d'une densité d'humanité,

Jésus parlait avec autorité. Il n'avait pas de pouvoir. Cependant, sa manière d'être avec chacun, le paralytique ou la Samaritaine, les aidait à vivre mieux, à se mettre debout. Le regard qu'il portait sur l'aveugle ou le jeune homme riche était vivifiant. Par son discours et tout son comportement, Jésus aidait chacun, en se sentant aimé, à oser exister personnellement et à devenir davantage lui-même.

Cette capacité de susciter l'être, le devenir, est le ferment de toute vie sociale. Elle est cette force de croissance que nous nous communiquons les uns aux autres dans la vie de tous les jours. Elle tient avant tout à la qualité et au feu intérieur que chacun peut nourrir et développer en lui.

D'autre part, nous sommes tous, à des degrés divers, investis d'autorité et de pouvoirs à l'égard de personnes ou de fonctions qui nous sont confiées. Que ce soient les parents à l'égard des enfants qu'ils « mettent au monde », les enseignants, les chefs de chantier ou d'entreprise, les mandataires publics, tous les responsables du bien commun. Les pouvoirs dont ils sont investis, et qui doivent contribuer à l'efficacité de leur action, constituent en même temps une arme redoutable. Car la tentation est grande d'infléchir, inconsciemment ou volontairement, les moyens dont on dispose au service de son propre pouvoir et de ses propres intérêts au détriment du bien commun. D'où l'indispensable vigilance sur les dérives du pouvoir, mais une vigilance critique constructive. Car s'il y a des abus nombreux, que l'opinion publique, les médias et la justice mettent actuellement mieux en évidence ; il importe que ce soit dans un souci de service du peuple. Pour ce faire, les parcelles d'autorité et de pouvoir que l'on détient doivent être limitées dans le temps et soumises à des bilans périodiques. Il importe, plus largement encore, de reconnaître et d'encourager tant de fonctions d'autorité, modestes ou publiques, qui contribuent au bien-être d'une famille, d'une communauté, d'un pays, jusqu'à l'échelle du monde. Il faut mener de pair l'encouragement aux prises de responsabilité assorties des pouvoirs nécessaires à l'accomplissement d'une tâche et en même la surveillance sans concession de celles-ci. C'est ainsi qu'on peut servir efficacement le bien-être général. .

OBÉIR ET POUVOIR DIRE NON

« Obéissez ! » Mot d'ordre de toute autorité, parentale, civile ou religieuse. Les réponses vont de la soumission infantile au refus anarchique. Elles passent normalement par l'écoute et le dialogue.

« Il vaut mieux obéir à Dieu qu'aux hommes », répliquaient les premiers apôtres aux autorités qui prétendaient interdire une prédication qui troublait l'ordre. Il est vrai que Jésus avait lui-même délibérément transgressé des règles et des tabous. « Le sabbat (ou l'institution) est pour l'homme, et non l'homme pour le sabbat. » Il posait ainsi la seule vraie norme de l'obéissance ou de la désobéissance : celle où la vérité de Dieu et la vérité de l'homme se renvoient l'une à l'autre.

Le christianisme institué n'échappe pas à la tendance de toute institution : il chante l'obéissance et se méfie de la désobéissance. Mais s'il se veut vivant, il doit aussi accepter la désobéissance et le droit à la transgression.

L'ordre établi organise le vivre ensemble, mais ne peut pas endiguer la vie. La vie en société déborde toujours les cadres prévus. Des événements bousculent les points de repère habituels.

Les chômeurs et les marginaux qui se retrouvent au bord de la route manifestent qu'il y a un désordre établi. Les personnes et les groupes qui ont alors le courage de protester, de désobéir en faisant appel à des valeurs supérieures, oubliées ou encore méconnues, ouvrent prophétiquement l'avenir. Ainsi de l'appel à l'insoumission adressé à de jeunes Français pour qu'ils ne partent pas faire la guerre en Algérie, ou de l'appel à la désobéissance civile adressé aux citoyens français pour qu'ils continuent d'accueillir chez eux des étrangers en situation irrégulière.

La désobéissance civile exige le sens des responsabilités, mais aussi une grande humilité. Si elle est authentique, cette désobéissance peut devenir obéissance à l'appel de Dieu.

TRANSGRESSER POUR LE BIEN DE LA COMMUNAUTÉ

Chacun s'avance dans la vie aidé par un ensemble de lois et prescriptions qui balisent son cheminement : les lois civiles, morales, éventuellement religieuses, destinées en principe à protéger la personne et surtout à rendre viable et autant que possible harmonieuse la vie en société. Ces lois, comme toute chose humaine, ne sont évidemment pas parfaites ; il appartient aux législateurs de veiller à les adapter et améliorer. En attendant, elles constituent un cadre utile, voire indispensable, à la vie personnelle et sociale.

Aussi attentif et respectueux que l'on soit de cet ensemble de prescriptions, à certains moments s'impose cependant une attitude, souvent mal jugée : la transgression. Mot qui résonne mal aux oreilles de certains, car il semble indiquer la méconnaissance, sinon le mépris, des lois même les plus valables.

Il y a des circonstances et des étapes dans l'existence où, au nom même des objectifs et valeurs que telle loi entend promouvoir, on est intérieurement appelé à passer outre. Transgresser, dans le vrai sens du mot, c'est s'avancer au-delà des chemins tracés, dans l'attention à des situations vécues qui exigent des transformations parfois radicales. C'est, en luttant contre des injustices criantes, poser des actes que l'on croit indispensables pour faire progresser l'ordre établi. C'est, en quelque sorte, préparer un monde qui tienne mieux compte des personnes, et spécialement des plus défavorisées.

Partout où il passait, Jésus rendait confiance, aidait le paralytique à se mettre debout, guérissait les malades, allant au besoin à l'encontre des lois existantes, comme celles qu'imposait le sabbat. La loi, l'ordre établi est toujours en partie en retard sur la vie. La transgression, si elle est judicieuse, prépare les indispensables évolutions.

Certaines transgressions sont de nature infantile ou adolescente. D'autres sont prophétiques dans la mesure où, loin de se réduire à une critique négative, elles posent les jalons d'une société plus juste, plus attentive aux situations et aux personnes. Une telle transgression demande de la lucidité, mais aussi du courage, car elle devra se vivre dans une certaine solitude, puisqu'elle va à l'encontre des idées et situations encore dominantes. Elle requiert de l'humilité, parce que seul l'avenir dira si cette transgression est constructive. Quoi qu'il en soit, c'est maintenant qu'il importe d'être attentif aux situations inacceptables et d'amorcer, à la lumière des données présentes, les transformations nécessaires.

Toute communauté, toute société, toute Église se sclérose s'il n'y a pas des avant-coureurs qui préparent, souvent dans l'incompréhension, le rejet, voire le mépris, un demain plus juste et plus respectueux de chacun.

L'ABOLITION DE LA PEINE DE MORT : UN SEUIL FRANCHI

En 1996, aux États-Unis, quarante-cinq personnes ont été mises à mort. Cette même année, dans l'Arkansas, une triple exécution groupée a eu lieu dans une indifférence certaine de l'opinion publique. On continue aujourd'hui dans divers pays de mettre à mort.

On justifie la sanction par la vengeance des victimes ou la protection des innocents. La montée de l'insécurité dans les villes exige que la loi du talion soit appliquée. Ce recours à la peine de mort révèle les peurs d'une population.

Mais le respect des victimes ne nécessite pas de faire d'autres victimes en réclamant le même châtiment, qui enferme tout le monde dans le cycle de violence. À une époque où on supprime la vie avec tant de légèreté, il est d'autant plus important d'affirmer le prix de toute vie humaine.

C'est pourquoi un nombre croissant de pays a peu à peu aboli la peine de mort, voulant sortir de l'idolâtrie de la vengeance et montrer qu'une société d'hommes et de femmes est capable de ne pas se venger. Pour affirmer le droit fondamental de la vie. Pour garder l'espoir qui est au cœur de tout être humain. L'homme est toujours plus grand que son crime.

Plus encore que pour quiconque, la vengeance ou la peur ne devraient jamais être le mobile d'action d'un chrétien. Tout dans l'Évangile nous en détourne. La foi en un Dieu Père, qui veut que personne ne se perde, nous invite à croire qu'il y a en chacun, quel que soit sa faute ou son crime, des ferments de renouveau et de résurrection. Allons-nous faire œuvre de mort, alors que l'infini de l'amour de Dieu laisse à chaque être humain une porte ouverte sur l'avenir ?

IV

LA FOI DÉCANTÉE

Nous plongeons ici au cœur de la foi chrétienne sans esquiver les difficultés qu'elle présente, comme la croix, le péché originel, le miracle, le sacré ou le dogme. Il s'agit de sortir des formulations anciennes qui bloquent la compréhension contemporaine. C'est à une véritable décantation qu'on est ici invité. La confrontation sans complaisance de la foi chrétienne et de la réalité d'aujourd'hui opère des déplacements.

La Révélation n'est pas enclose dans un texte ou dans un livre, mais elle est expérience d'un surgissement inédit; la foi n'est pas possession d'une vérité, mais coexiste avec le questionnement du doute et s'en nourrit. La croix n'aurait-elle qu'un aspect doloriste ? L'homme serait-il à jamais enfermé dans son péché originel ? Face à ces questions, voici qu'explose l'événement de Pâques qui brise toute fatalité. Devant cette ouverture radicale, une morale enfermante, à dominante normative, n'a pas lieu d'être et fait place à une liberté éclairée et responsable. Marie apparaît dans cette histoire comme une femme de chez nous, image de notre humanité croyante.

Demeurent des points délicats dont la doctrine chrétienne est parfois encombrée : les miracles, les guérisons, le sacré, le salut, le mal, la punition éternelle... Ne convient-il pas de voir dans les miracles une lutte, toujours actuelle, contre les exclusions et les peurs ? Ne se trompe-t-on pas de sacré ? À quoi correspondent le purgatoire et l'enfer ? Les réponses des définitions dogmatiques, élaborées dans un autre contexte, risquent de ne plus correspondre aux questions contemporaines. Le dogme n'a de raison d'être que s'il est ouverture de sens pour aujourd'hui et non catalogue de vérités à croire.

Une telle foi décantée ouvre un chemin vers un au-delà espéré, parce que déjà présent là où se vit l'amour des frères et sœurs. Un Royaume s'ouvre à nous, dépassant nos limites.

LA RÉVÉLATION, UNE DÉCOUVERTE INÉDITE

« Cela a été pour moi une révélation » ! Qui de nous ne s'est jamais dit cela ? À la suite d'un événement - rencontre, expérience, lecture -, on perçoit soudain dans une lumière nouvelle une personne, la vie, le monde. Cela nous a changés. La croissance de l'être humain, individu ou collectivité, est jalonnée de telles découvertes.

De quelle nature est cette découverte ? La réalité qui nous entoure n'a pas changé, c'est la façon dont on la perçoit qui a changé. Elle apparaît sous un jour nouveau, avec un sens nouveau. C'est l'expérience que vivent les savants quand ils font une découverte. C'est la prise de conscience que peuvent faire des personnes en analyse. Le monde ancien bascule, une vision nouvelle le remplace, souvent mieux adaptée à ladite réalité. Le vocabulaire employé par les uns et les autres est semblable. Ils parlent d'écailles qui leur seraient tombées des yeux. C'est aussi l'expérience de la conversion qui, étymologiquement, signifie « retournement ». Dans le récit de la conversion de Paul (Ac 9), la lumière aperçue est si éblouissante qu'il en est aveuglé. Et, quand il recouvre la vue, le texte nous dit qu'« il lui tomba des yeux comme des écailles ».

Les expériences de ce type sont accompagnées d'une impression de gratuité. En effet, quels que soient les efforts précédents, le travail entrepris ou la profondeur de la réflexion, le résultat a quelque chose d'inespéré, dépassant les attentes. C'est de l'ordre du don. Il y a comme une extériorité à cette découverte. Elle ne vient pas seulement de nous.

Il faut ajouter que, si rien n'est changé, rien n'est pourtant plus comme avant. Il n'est plus possible de penser et d'agir comme si cette révélation n'avait pas eu lieu. C'est comme la découverte d'une nouvelle règle du jeu, et on ne peut continuer à jouer comme si on ne la connaissait pas.

L'expérience entraîne de nouvelles convictions que l'on souhaite partager avec sa famille et son entourage. Parfois, l'expérience intime est inexprimable ; les mots manquent pour en faire part, ou bien ils banalisent ce qui était unique.

Les religions dites « révélées » se situent dans ce processus : dans des circonstances données, des hommes et des femmes ont perçu une nouvelle façon de se comprendre dans le monde face à un Absolu. Ils ont spontanément vu dans cette révélation un don gratuit, qu'ils ont attribué à Dieu : c'est Dieu qui se révèle ! Ils ont transmis autour d'eux cette conviction qui les faisait vivre. Certains l'ont proclamé publiquement en tentant de dire dans des mots ce qui déborde les mots, comme les apôtres au sortir du cénacle le jour de la Pentecôte, que l'on croyait « pleins de vin doux ». Une telle expérience fondatrice est si importante qu'on est tenté de la mettre en formules, en paroles, qui peu à peu perdent leur dynamisme et oublient d'intégrer les nouvelles réalités qui surgissent. Elles ne sont plus paroles de vie, mais vain rabâchage.

Les religions n'ont pas échappé à cette dérive. Elles conservent jalousement leur révélation. Transformer la révélation en un recueil, en un catéchisme, en un paquet bien ficelé de vérités toutes faites et sclérosées, c'est pervertir la révélation, surtout quand on impose celle-ci au nom de Dieu. Si on l'attribue à Dieu même, elle ne peut être qu'ouverture à l'inattendu, à l'inédit. La nouvelle vision des choses, de soi, des autres, du monde, de Dieu, que l'on a pu apercevoir doit toujours se réactualiser. C'est la condition pour que la lumière ne retourne pas aux ténèbres, mais continue d'éclairer, car la révélation, loin d'être close, est sans cesse surgissement. Même si, comme le proclament les chrétiens, la révélation de Dieu a lieu en Jésus-Christ en un temps déterminé, la lumière de cet événement n'a pas fini de nous éclairer de façon toujours nouvelle.

CROIRE : EXPÉRIENCE DU DOUTE ET DE LA CONFIANCE

« J'ai la foi, j'ai ma foi. » « Je n'ai pas la foi. » « J'ai perdu la foi. » Curieuses expressions ! Qu'est donc la foi ? Serait-elle une possession, une propriété ? Sa possession ou sa non-possession partageraient les êtres humains en deux clans : ceux qui croient et ceux qui ne croient pas. Une barrière d'incompréhension se dresserait entre ces deux catégories de personnes. C'est avoir une vision fausse de la réalité. La séparation entre foi et non-foi n'est pas entre deux catégories de personnes : elle se situe plutôt au cœur de chaque personne, croyante et incroyante.

On parle, il est vrai, des « certitudes de la foi ». Mais la foi ne serait-elle pas plutôt l'absence de certitudes ? Le doute, dans la mesure où il est questionnement, n'est pas contraire à la foi, il est constitutif de la foi. Il est absence de certitude qui, dans l'indécision, pousse à faire confiance. S'il y avait certitude sur l'existence de Dieu, sur une vie après la mort, sur une présence invisible et pourtant proche de nous, il n'y aurait pas besoin de foi. Nous serions dans le domaine de l'évidence. Évidence qui, en sautant aux yeux, ne laisserait plus la personne libre de croire ou de ne pas croire. La foi a partie liée avec la liberté.

Dans la mesure où la foi ne se situe pas sur le terrain de l'évidence ou de la preuve, nul ne peut être sûr de la vérité. Les croyants en des fois diverses, tout comme l'incroyant, se retrouvent alors sur le même terrain, celui de la recherche toujours inachevée. Certes, le questionnement s'inscrit au cœur de tout être humain : « Qui suis-je ? À quoi suis-je destiné ? Pourquoi la vie, la mort, le mal, la souffrance ? » Ce questionnement pousse à une recherche et ouvre à la foi. Mais si l'être humain arrête son questionnement au nom des réponses de la foi, il n'est plus dans une démarche de foi. En croyant posséder une réponse, la réponse, il ou elle se dirige vers les dérives de la foi que sont l'intégrisme et le totalitarisme de la pensée unique.

Les éclairages apportés par la foi (qu'il s'agisse de la foi chrétienne ou d'autres fois) n'arrêtent pas le questionnement, et ne lèvent pas pour autant le tragique de l'incertitude, en particulier la réalité de la mort ; ils ouvrent l'appétit plutôt qu'ils ne le rassasient. Ils permettent de se situer sur une ligne de crête entre l'absence de sens de la vie humaine qui peut mener à la folie, et le sens unique qui mène à l'oppression et aux croisades de tout genre.

Heureuse la personne qui fait cette expérience : lorsque, sur ce chemin éprouvant, elle est rejointe par une présence mystérieuse. Mais même cette expérience est marquée d'un caractère fugitif et incertain. La nuit obscure de la foi est plus souvent évoquée par les mystiques que la certitude de la foi. Mère Térésa a connu cette expérience.

LA SOUFFRANCE

Alors qu'il était en train de mourir d'un cancer et souffrait atrocement, le cardinal Veuillot, archevêque de Paris, aurait confié aux prêtres qui l'assistaient : « Ne parlez pas de la souffrance : on ne sait pas ce qu'elle est. » Parole jaillie de l'expérience, qui invite au silence et met en garde contre des propos rassurants ou moralisants.

Il est vrai que bien des discours d'Église ont voulu démontrer le bien-fondé de l'acceptation de la souffrance et la nécessité de souffrir pour obtenir son salut et celui de ses frères. Le risque est alors de rechercher la souffrance pour elle-même, comme les pratiques de mortification en vue de son salut.

Dans les Évangiles, nous voyons Jésus combattre la souffrance et non pas la rechercher. Quand il voit, en passant, un aveugle de naissance, ses disciples lui posent la question : « Rabbi, qui a péché pour qu'il soit né aveugle, lui ou ses parents ? » Jésus répond : « Ni lui ni ses parents. » Et il guérit l'aveugle-né.

Quand Jésus entre dans sa passion et connaît la terrible épreuve de la crucifixion, il manifeste que c'est l'amour qui sauve et non la souffrance. Sur la croix, il pardonne à ses bourreaux. Nous ne sommes pas faits pour souffrir mais pour aimer. Quand il nous arrive d'être pris dans les filets de la souffrance, c'est encore l'amour qui donne sens et valeur à notre vie. L'expérience des soins palliatifs nous en donne un exemple particulièrement marquant aujourd'hui.

Nous sommes souvent confrontés à la souffrance d'autrui. Chaque jour, les médias nous présentent des images des blessés de la vie à cause de la guerre, des accidents de la route, des catastrophes naturelles, des fléaux de la faim et du sida. Le spectacle de la souffrance du monde s'offre quotidiennement à nos yeux. Mais les yeux ne sont pas faits pour rester loin du cœur. Et la souffrance n'est pas faite pour se donner en spectacle : elle appelle notre solidarité pour pouvoir la combattre sans attendre,

L'AMBIGUÏTÉ ORIGINELLE

Généralement, on entend dire que le péché originel remonte au premier couple Adam et Eve qui aurait désobéi à Dieu. En punition, toute la nature en aurait été polluée. La maladie et la mort ne seraient que l'effet du péché originel et l'homme pencherait irrésistiblement vers le mal.

Proposée sous cette forme, l'idée du péché originel est incompatible avec les données de base de la biologie humaine et avec les exigences élémentaires de la justice : il n'est pas pensable de faire porter la responsabilité de l'acte d'un individu par toute sa descendance. En outre, cette conception est inconciliable avec nos connaissances sur l'apparition de l'homme.

Le mal existe, nous en avons tant d'exemples autour de nous. Les humains en ont probablement pris conscience très tôt. Et ce mal ne nous est pas seulement extérieur, il a même des racines et il laisse des traces en chacun de nous. Si le récit biblique reconnaît la responsabilité humaine dans l'existence du mal, il tient à dégager Dieu de toute participation au mal. Ce Dieu, qui apparaît sans compromission aucune avec le mal, est un Dieu de justice. N'est-il pas amené à sanctionner le mal pour nous aider à nous en libérer ?

Tenant à tout prix à dégager l'image de Dieu de toute responsabilité vis-à-vis du mal, l'homme, s'il ne peut nier qu'il en porte sa part, a probablement pris celle-ci exagérément en charge.

Si, aujourd'hui, nous ne pouvons plus accepter l'idée que chaque humain porte, en naissant, la responsabilité d'un mal initial, il est important de se rendre compte qu'on n'est pas orienté d'office vers le bien. Chacun entre dans l'existence porteur de l'aspiration au bien, mais aussi de tendances au laisser-aller, à la facilité, à la préoccupation de soi au détriment des autres, à la violence.

Plutôt que de « péché originel », ne faut-il pas parler d'un tiraillement, en nous, entre le bien et le mal, d'une « ambiguïté originelle » ? Telle est la limite et en même temps la grandeur de la condition humaine. Il nous faut en effet donner progressivement à notre existence une orientation personnelle, à travers les choix, petits et grands, que la vie propose. Ainsi, ce que nous sommes, ce que nous élaborons peu à peu est l'œuvre de notre liberté solidaire et responsable. « Vois, je mets aujourd'hui devant toi la vie et le bonheur, la mort et le malheur, moi qui te commande aujourd'hui, dit Dieu, d'aimer le Seigneur ton Dieu, de suivre ses chemins, de garder ses commandements, ses lois et ses coutumes. Alors, tu vivras... » (Dt, 30, 15-16).

Et pourtant, étant donné l'héritage dont nous sommes porteurs, nous prenons conscience qu'il n'y a pas égalité de chances pour chacun. D'où l'importance d'être particulièrement attentif aux besoins de celles et ceux qui sont défavorisés dès leur départ dans l'existence.

En même temps, nous ne sommes pas laissés à nous-mêmes. On ne peut isoler les premiers chapitres de la Genèse de l'ensemble des récits bibliques qui nous montrent la présence inlassable d'un Dieu de bienveillance et d'amour, qui accompagne la marche dans le désert et libère de toutes les servitudes.

PÂQUES : SOLEIL DE LA VIE

Pour les chrétiens, Pâques c'est la fête des fêtes.

Les quatre évangélistes, chacun à sa manière, nous racontent non la Résurrection, à laquelle personne n'a assisté, mais ce qui leur a donné la certitude que Jésus était vivant au-delà de la mort.

Dans l'Évangile de saint Luc, les deux anges qui accueillent les femmes venues embaumer le corps de Jésus, après le sabbat, leur disent cette phrase étonnante : « Pourquoi cherchez-vous parmi les morts le Vivant ? » Jésus vivant ? Joie inouïe... assurance incroyable. Si Jésus est vivant, dira saint Paul, nous le serons aussi. Merveilleuse espérance pour chacune, chacun de nous, qui pleurons des êtres chers. Ne les cherchons pas parmi les morts, ils vivent.

L'épisode que nous raconte saint Jean est une des plus belles pages de l'Évangile. Marie de Magdala vient au tombeau le matin, avant le lever du jour. Elle voit la pierre ôtée... elle court en avertir Pierre et Jean, et leur dit : « On a enlevé le Seigneur, et nous ne savons où on l'a mis. » Les disciples se précipitent et voient les choses telles que les leur a décrites Marie de Magdala. Ils ne comprennent pas et s'en retournent chez eux. Marie, elle, ne peut se résoudre à quitter le tombeau où gisait celui qu'elle avait tant aimé. Se penchant à l'intérieur, elle y voit, elle aussi, deux anges qui lui demandent : « Pourquoi pleures-tu ? » Elle répond : « On a enlevé mon Seigneur, et je ne sais où on l'a mis. » Se retournant, elle aperçoit un homme qu'elle pense être le jardinier, qui lui dit : « Pourquoi pleures-tu ? Qui cherches-tu ? » Ces questions résonnent encore, deux mille ans après, en ceux qui pleurent et en ceux qui cherchent le sens de leur vie.

Toute à son chagrin, Marie répond à côté de la question : « Si c'est toi qui l'as enlevé, dis-moi où tu l'as mis et j'irai le prendre. » L'homme s'exclame : « Marie ! » S'entendant appelée par son nom, en un éclair elle comprend que cet homme, au-delà des apparences, c'est Jésus lui-même. La relation n'est donc pas rompue ! Marie, complètement retournée, lui répond : « Maître. » Jésus lui dit : « Ne me retiens pas. »

Les manifestations extérieures d'affection ne sont plus possibles, mais le lien est plus fort que jamais, et Marie a quelque chose à faire ici bas. « Va trouver mes frères, dit Jésus, et dis-leur que je remonte vers mon Père qui est votre Père, vers mon Dieu qui est votre Dieu. »

Ce Dieu, ce Père qui semblait l'avoir abandonné, attend son Fils comme il attend chacun de nous ; c'est ce que nous raconte la parabole du fils prodigue. La mission confiée à Marie de Magdala est d'annoncer aux apôtres que la vie est plus forte que la mort. Le message se répercutera de génération en génération, jusqu'à nous.

Pâques, c'est la vie qui gagne et qui nous invite aujourd'hui à sortir des murs, à briser les cercles qui nous tiennent prisonniers, à refuser la fatalité de l'engrenage des événements.

Pâques, c'est l'immense espérance que l'amour aura le dernier mot.

MARIE, MÈRE DE JÉSUS

Marie a-t-elle une place dans notre foi ? Dans notre imaginaire ? Si oui, laquelle ? La mère de Jésus, certes ; à ce titre elle nous est chère. La mère de Dieu lui-même, une reine, dont on espère les faveurs ? Un refuge maternel dans la dureté de la vie ? Une présence féminine dans une institution masculine ? Une lumière pour les femmes et les hommes ? Une sœur sur la route ?

Et si, oubliant pour un temps ce que vingt siècles de christianisme ont fait de Marie, nous prenions simplement l'Évangile ?

Sous la sobriété du langage évangélique se cache une grande densité de vie. Bien que les passages la concernant soient rares et concis, il n'est pas possible, en une page, de les méditer tous, les méditer comme faisait Marie lorsqu'elle ne comprenait pas et qu'« elle gardait tout dans son cœur », laissant pénétrer en elle la Parole et le mystère.

Dans les premiers chapitres de Luc, porteurs de sens bien au-delà de ce qu'ils racontent, Marie n'est pas éblouie par la promesse mirifique de l'ange Gabriel : « Tu as trouvé grâce auprès de Dieu. Voici que tu concevras et enfanteras un fils. Il sera grand et on l'appellera le fils du Très Haut Il règnera sur la maison de Jacob et son règne n'aura pas de fin ». Ce n'est pas une femme crédule, elle demande une explication : « Comment cela se fera-t-il ? » Puis elle part rencontrer sa cousine Elisabeth. Quand on porte un secret trop grand, trop lourd, on a besoin de le confier à une oreille amie, une oreille dont on est sûr qu'elle comprendra ; d'où le long trajet de Nazareth à Ein-Karem. La rencontre entre les deux femmes est extraordinaire d'intériorité. Sous le souffle de l'Esprit, elles sont transparentes l'une à l'autre. Et Marie, la silencieuse, entonne le Magnificat. Celui-ci est tout entier tiré de différents livres du premier Testament. Comme si Luc voulait nous dire que Marie était pétrie des Écritures. Depuis lors, on ne la montre guère comme celle qui annonce que Dieu renverse les puissants de leur trône et renvoie les riches les mains vides !

Plus tard, nous la voyons inquiète. Le bruit circule que Jésus est hors de lui. Il enseigne, et on vient lui dire : « Ta mère et tes frères sont là qui te demandent. » Marie sentait monter l'opposition autour de Jésus. Elle connaissait le sort réservé aux prophètes. Elle craignait pour la vie de son fils. Sans doute aussi était-elle un peu troublée par son enseignement ne cadrant pas toujours avec celui des grands prêtres. S'opposer à ceux qui sont censés être dépositaires de la vérité demande beaucoup de lucidité et de courage.

Dans l'Évangile de Jean, nous la retrouvons à Cana. « Ils n'ont plus de vin », dit-elle à son fils, qui lui répond : « Mon heure n'est pas encore venue », que certains traduisent par « Mon heure serait-elle venue ? » C'est un peu comme si Marie enfantait Jésus à son ministère. Simplement, elle dit aux serviteurs : « Faites ce qu'il vous dira. »

À la croix, elle est debout, nous dit Jean. Elle assume, jusqu'à la fin. Une dernière fois Jésus s'adresse à sa mère. Solennellement, il l'appelle « femme », et ajoute : « Voilà ton fils », en désignant Jean debout à côté d'elle. À celui-ci il déclare : « Voilà ta mère. » Parole tendre et cruelle : son enfant, celui qu'elle a porté, mis au monde, élevé, chéri, meurt dans l'horreur. Et il lui confie un autre fils, auquel en même temps il la confie. Comme si un enfant pouvait en remplacer un autre ! La maternité ne peut se replier sur elle-même, elle doit encore et toujours donner la vie.

Il ne nous est rien dit de Marie et de la Résurrection, cela s'est passé dans le secret de son cœur. Nous la retrouvons au cénacle, la chambre haute où, après le départ de Jésus, les disciples se retrouvaient « unanimes, nous disent les Actes des Apôtres, assidus à la prière, avec quelques femmes, dont Marie, la mère de Jésus, et ses frères ». C'est là, la première image, simple et belle, de l'Église naissante : les amis de Jésus, hommes et femmes, ses frères, sa mère, tous ensemble dans l'attente de l'Esprit.

Rêvons à ce que pourrait être notre Église.

LES MIRACLES

Dans le langage courant, le mot « miracle » tient la route. Quand il y a de l'inattendu, de l'inédit dans une réussite, ce mot « miracle » vient rapidement à la bouche. Enregistrons ce fait, et entendons-le comme l'écho du désir de ne pas se laisser enfermer dans un univers technique et rationnel, qui serait réducteur parce que tout est prévu, expliqué.

On parle aussi volontiers du « miracle de l'amour ». Aimer quelqu'un, être aimé par lui, par elle, donne des forces et sort des impasses. Cela donne des ailes ; ce qui semblait impossible devient réalisable. On compte aux yeux de quelqu'un. Ainsi, non seulement la vie a de nouveau un sens, mais elle n'est pas bouchée, elle est ouverte vers l'inconnu, vers l'avenir. Pour autant, nous ne sommes pas invités à la passivité, mais à prendre notre vie en charge. Le miracle renvoie à la responsabilité de chacun, sinon il serait pervers. Ce serait faux alors de parler de miracle.

Dans ce contexte, l'usage du mot « miracle » s'est sécularisé avec le temps ; il est devenu un mot de la vie courante. Mais qu'en est-il du sens premier du miracle qui, avec Jésus et dans la tradition chrétienne, nous renvoie à Dieu ?

L'Évangile nous dit que Jésus, contrairement à Jean-Baptiste, a guéri des malades. Il est même dit : « Il les guérissait tous » ! Une page de l'Évangile décrit au plus près la mission de Jésus. « Jean, dans sa prison, avait entendu parler des œuvres du Christ. Il lui envoya demander par ses disciples : "Es-tu Celui qui doit venir, ou devons-nous en attendre un autre ?" Jésus leur répondit : "Allez rapporter à

Jean ce que vous entendez et voyez : les aveugles retrouvent la vue et les boiteux marchent droit, les lépreux sont purifiés et les sourds entendent, les morts ressuscitent et la Bonne Nouvelle est annoncée aux pauvres" » (Mt 11, 3-5). Le miracle est appel, invitation, dépassement. En Jésus, il y a un tel excès d'attention aux autres et d'amour, que chacun est conduit à mobiliser le meilleur de lui-même. Le Second Testament trouve dans ces guérisons la preuve de la puissance divine qui habite Jésus. Cependant, dans l'Évangile de Marc, il est dit qu'à Nazareth «Jésus ne put faire aucun miracle si ce n'est de guérir plusieurs malades en leur imposant les mains, et il s'étonnait de leur manque de foi » (Mc 6, 5-6). En effet, Jésus guérissait avec d'autant plus de force qu'il réussissait à faire naître la confiance chez ceux qui l'écoutaient.

De tels récits nous interrogent. S'agit-il de guérisons physiques, ou est-ce une manière de montrer que Jésus, offrant sa confiance à chacun, rendait la parole à celles et ceux qui, jamais écoutés, s'enfermaient dans le silence, libérait les êtres de leurs aveuglements, rendait courage et dignité à ceux qui se sentaient paralysés dans leurs infirmités.

Prendre à la lettre les récits des miracles soulève d'énormes difficultés. De telles interventions dans le cours normal des événements ne viennent-elles pas fausser gravement le jeu des responsabilités humaines ? Pourquoi notre Dieu, , laisserait-il faire aujourd'hui tant de dégâts qui atteignent des innocents, que ce soient les cataclysmes naturels ou les méfaits perpétrés par l'incurie ou la malice humaines, alors qu'il aurait donné à Jésus le pouvoir de les enrayer ? Pour beaucoup de chrétiens, ce ne sont nullement les miracles qui étayent et réconfortent leur foi. Les miracles constituent même pour eux une difficulté importante, si on les prend à la lettre. La foi est-elle liée à des faits extraordinaires que, au moins dans l'état actuel de nos connaissances, nous sommes incapables de réaliser ? Est-ce le merveilleux, dont nous sommes friands, que nous attendons de Dieu, ou bien davantage une présence aimante, une inspiration intérieure, qui, dans le déroulement du quotidien, rencontrant l'aspiration d'infini qui nous tenaille, nous apportent un surcroît de vie et d'espérance ? « En vérité, en vérité, je vous le dis, déclarait Jésus, celui qui croit en moi fera lui aussi les œuvres que je fais ; il en fera même de plus grandes. » (Jn 14, 12)

Si, comme dans la première lettre de Jean (Jn 4, 8), on nomme Dieu « Amour », on peut vraiment dire que Jésus était capable, avec la puissance de ce Dieu-là, de dominer des états maladifs de peur. Peurs psychiques et psychosomatiques. Ne voulait-il pas que tous les sentiments d'angoisse, de solitude, de désespoir, pouvant aller jusqu'à l'autodestruction, se transforment en une acceptation de soi, une forme de maturité, de sérénité, ouvrant sur une nouvelle relation envers soi-même et envers les autres ?

Bien des troubles de la santé sont d'ordre psychosomatique, et toute guérison de l'âme a des répercussions sur l'état physique. Ainsi, la proximité confiante et encourageante de Jésus à l'égard de celles et ceux qu'il rencontre, marqués par la maladie ou l'épreuve, revivifiait la personne tout entière. C'est ainsi que Jésus, en cherchant à comprendre ce qui manque à l'accomplissement des êtres humains, au lieu de les condamner par des jugements moraux sur leurs fautes et leurs défaillances, a manifesté l'importance qu'il attachait au soin de l'âme, un véritable soin thérapeutique.

En se libérant des chaînes d'une religion figée qui produisait d'elle-même de la peur, Jésus s'est attiré des reproches. Mais, pour Jésus, la guérison des maladies de l'âme signifiait que Dieu commençait à être vivant dans le cœur des humains. Pour lui, la confiance en Dieu et la libération de l'homme par rapport à ses peurs ne pouvaient être dissociées.

NE PAS SE TROMPER DE SACRÉ

Devant la souffrance et la mort, devant le mal et la guerre, face aux catastrophes naturelles, l'être humain est désarçonné. Il ne comprend pas ; la vie n'a plus de sens ; le monde est détraqué. Il est tenté alors de recourir à une puissance supérieure, capable d'intervenir dans cet énorme gâchis. Comment obtenir ses bonnes grâces et sa protection ? Par des dons, des offrandes, par des rites destinés à conjurer le mauvais sort. On offre un cierge qu'on fait brûler, on récite des prières, on vénère des images, on porte des médailles, on fait des sacrifices, on part en pèlerinage... De cette façon, on peut entrer en contact avec la divinité. Les lieux où l'on se rend, les signes et les objets utilisés deviennent eux-mêmes sacrés. Cette intuition que l'homme n'est pas le tout du monde, que quelque chose ou quelqu'un le dépasse, est largement partagée dans l'espace et le temps. Elle est à l'origine des religions. La religion est ce qui relie l'être humain au sacré.

Il y a souvent dans ces pratiques un désir de plier la volonté divine à ses besoins et souhaits, qui est de l'ordre du commerce et du marchandage. Je te donne ceci et tu fais cela pour moi. Si, à l'inverse, devant sa petitesse, la personne est écrasée par la puissance sacrée et en reste anéantie et sans espérance, attendant la mort inéluctable, le résultat n'est pas meilleur.

L'image de Dieu que nous révèle Jésus Christ n'est pas celle d'un Dieu sourd, insensible ou mercantile, mais davantage celle d'un Dieu qui offre gratuitement, sans contrepartie. Le dernier reçoit autant que le premier (Mt 20, 1-16). Les signes de la multiplication des pains (Me 6, 35-44), de la transformation de l'eau en vin (Jn 2, 1-11) ou de la pêche miraculeuse (Le 5, 1-11) le montrent comme le maître de l'abondance et de la prodigalité. Son pardon et son salut sont offerts à tous, sans conditions d'appartenance sociale, raciale ou religieuse, sans conditions de pureté : il vient pour nous tous et quelles que soient les fautes.

Jésus est venu changer les frontières entre le sacré et le profane. Les gestes extérieurs et ostentatoires de culte ou de prière sont sans valeur pour lui (Mt 6, 1-8). C'est ce qui se passe dans le secret des consciences qui importe ; c'est ce qui se passe « en esprit et en vérité » (Jn 4, 23), Il est venu nous libérer des forces « sacrées » qui nous effraient et nous emprisonnent.

N'y aurait-il plus rien de sacré ? Il n'y a plus de domaine réservé au sacré. Jésus manifeste par ses paroles et ses actions que ce qui importe dans le monde, c'est l'être humain, homme et femme, créé à l'image de Dieu. Il nous dit : « Ce que vous avez fait à l'un des plus petits de mes frères, c'est à moi que vous l'avez fait. » (Mt 25, 40) L'être humain, surtout le plus petit, le plus démuni, le plus faible, voilà ce qui est sacré.

Alors, ne nous trompons pas de sacré. Nos gestes, nos signes et nos rites n'ont qu'un but : nous rappeler sans cesse que nous avons à œuvrer au mieux-être de l'humanité. C'est sur le visage de nos sœurs et frères que transparaît le visage sacré de Dieu. C'est donc à nous qu'il appartient de faire reculer la maladie et de réconforter les mourants, de lutter contre le mal qui sévit, d'abord en nous puis autour de nous, pour faire cesser toute atteinte à la vie et à la dignité de l'être humain. C'est à nous qu'il appartient d'approfondir les mécanismes de la planète Terre, afin de la sauvegarder pour l'humanité à venir et de prévenir toujours davantage ses manifestations catastrophiques.

Sacrée tâche et tâche sacrée !

A-T-ON BESOIN D'ÊTRE SAUVÉ ?

Une telle question remettrait-elle en cause la notion de salut, si essentielle à la foi chrétienne ? La culture contemporaine, quand elle en est informée, rejette la façon dont est présenté traditionnellement le salut. En schématisant, disons que nos premiers parents, Adam et Eve, ayant péché en mangeant le fruit défendu dans le jardin d'Éden, ont offensé Dieu. Ils furent condamnés à la souffrance et à la mort, et avec eux toute l'humanité. Mais l'offense faite à un Dieu infini était elle-même infinie et devait alors être rachetée de manière infinie. Seul le Fils de Dieu, en s'identifiant à l'humanité pécheresse, pouvait donner satisfaction à son Père, qui a ainsi envoyé Jésus pour sauver l'humanité. Un tel langage véhicule des idées difficilement admissibles aujourd'hui, tels les mots de « rançon », d'« expiation » ou de « sacrifice ».

Même si l'on sait qu'il ne faut pas prendre au pied de la lettre l'histoire mythique d'Adam et Eve, ceux-ci représentent cependant symboliquement l'humanité. On voit mal pourquoi toute l'humanité serait coupable d'un péché commis par certains, ni pourquoi il pèserait d'un tel poids sur tous, qu'il faudrait les délivrer de ce péché originel. On comprend mal la cruauté d'un Dieu, envoyant son propre fils à la mort pour obtenir satisfaction. On rejette cette logique selon laquelle il faut que l'être humain soit pêcheur pour qu'il puisse être sauvé. La manifestation de Dieu en Jésus n'aurait-elle pas eu lieu sans ce péché premier ?

Par ailleurs, dans une société d'abondance de biens, où beaucoup vivent dans le confort matériel et une relative sécurité, on peut se demander de quoi aurait-on besoin d'être sauvé ? A-t-on besoin d'un sauveur, au risque d'attendre d'un autre ce qu'on peut se procurer soi-même ? Cette remise entre les mains d'autrui porte atteinte à la valorisation de soi et à l'autonomie. On doit probablement avoir fait l'expérience de la misère et de l'oppression pour comprendre ce que pourrait signifier en être sauvé et libéré. Il faut sans doute avoir vécu et traversé des épreuves pour connaître le poids des maux dont on voudrait être délivré. Il est donc assez normal que ce vocabulaire de salut ne parle pas aux jeunes. Pour les autres, il est sûr que bien des choses pèsent dont ils aimeraient être libérés, la maladie, la pauvreté, la peur, la violence, le désespoir, la mort...

On peut redonner à l'idée de salut quelque signification dans la mesure où il prend une forme concrète dans la libération effective des opprimés, des malheureux de tous ordres et notamment de l'angoisse de la mort. Remarquons que, s'il est possible de faire reculer certains maux de l'existence, et il faut s'attacher à le faire, d'autres sont inéluctables. La condition humaine ne permet pas d'échapper à la dégradation et finalement à la mort, et d'autre part l'homme n'a qu'une faible maîtrise sur certaines catastrophes naturelles. On ne voit pas bien comment Dieu ou Jésus pourraient nous éviter nos maux humains.

Si nous avons du mal à admettre que nous avons besoin d'être sauvés, nous savons d'expérience que nous avons envie de vivre et d'être heureux. De fait, l'être humain est créé pour la vie et le bonheur. Il possède en lui une aspiration à la plénitude de vie et à l'épanouissement complet de sa personne qui se heurte à sa finitude. Le désir de réussir sa vie est contrecarré par les limites humaines. On ne peut tout faire, ni tout avoir. Et puis, il y a les limites qui s'imposent et s'opposent au développement de la personne : la santé, le milieu social, les conditions économiques, culturelles ou psychologiques, les oppressions...

Dans les évangiles, on voit Jésus accomplir des gestes de guérison physique ou morale et offrir de la nourriture. Il sauve de la maladie, de la culpabilité ou de la faim, et finalement de la mort physique ou sociale qui peut s'ensuivre. Son message annonce la venue du Royaume, où nul ne serait exclu de ce que son goût de la vie le pousse à souhaiter. Jésus ne désespère de personne, mais permet à chacun d'aller au bout de ses aspirations. C'est une remise en cause totale de toutes les pratiques sociales, politiques et religieuses qui blessent ou oppriment. En agissant ainsi, Jésus écarte l'angoisse qui tenaille et se répand. Se dressant contre la peur, et la surmontant en lui-même, il était inévitable que Jésus fasse peur, à commencer par ceux dont le pouvoir se fonde sur la peur qu'ils inspirent : peur du châtiment, peur du jugement, peur du lendemain. C'est en détruisant la peur que peut alors se développer la confiance en soi, en l'autre, en Dieu et, de ce fait, une authentique liberté, qui n'est plus bridée par les vicissitudes de l'existence.

Forts de ce message, les chrétiens croient que l'être humain peut atteindre une plénitude de vie et de bonheur malgré le mal et la mort. Comme Jésus a traversé librement la mort, les chrétiens espèrent aussi opérer une traversée répondant au désir d'infini qui habite toute personne.

La vie humaine ne serait alors pas une impasse, mais un chemin.

COMMENT EN EST-ON ARRIVÉ AUX DOGMES ?

Lorsque les chrétiens voulurent parler de leur expérience religieuse, entre eux ou à leur entourage, ils commencèrent par se raconter leur découverte de Jésus en centrant son histoire sur sa mort et sa résurrection, puis en l'étendant à ses propos et à ses gestes. Cette « narration » était aussi un appel à la conversion.

Par la suite, ils rédigèrent des textes grâce auxquels tous les croyants pouvaient confesser une même foi (ce que l'on appelle des « symboles »).

Le mot « dogme » désigne la règle de foi que reconnaît le groupe religieux après en avoir débattu. Mais un Credo peut être compris de façons diverses. D'où le besoin de préciser intellectuellement ce qu'on veut dire par des « définitions » exprimant le « dogme ».

Étant donné que les définitions dogmatiques répondent aux questions posées dans le cadre d'une culture précise, leur langage est relatif. Mais, jalonnant l'approfondissement de la foi de l'Église, elles restent à jamais des points de référence. C'est comme telles qu'elles sont officialisées (déclarées de foi).

En même temps langage d'homme, le dogme est toujours capable de progrès, de reformulations profondes, tant l'évolution du sens des mots et leur usure risquent à la longue de trahir le sens originel ou de le rendre incompréhensible.

Attention, dès lors, à ne pas réduire le dogme à un vénérable fossile sans signification réelle dans l'existence quotidienne. On déboucherait sur le « dogmatisme », attitude rigide qui consiste à imposer des formules toutes faites et intemporelles plaquées de l'extérieur, mais sans insertion possible dans la vie de ceux qui les entendent. Ce sont alors des « réponses » qui ne répondent plus à aucune interrogation vraie, qui étouffent même les questions vitales avant qu'elles aient pu s'exprimer. On peut en faire un catalogue qu'on laissera dans un placard en attendant d'avoir à le ressortir pour juger les hérétiques ; on n'en vit pas. On croit savoir des vérités, mais on ne « fait » pas la vérité. Cela ne peut que tuer la recherche.

Mémoire du passé de la communauté, le dogme appelle les croyants à une réappropriation grâce à laquelle ce qui est ancien peut rejaillir en nouveauté. Il est alors porteur de vie.

LE PURGATOIRE ET L'ENFER

Le purgatoire et l'enfer ne suscitent plus guère d'attention, même auprès des adeptes de la foi chrétienne. Il est vrai qu'ils étaient liés à l'idée du châtiment, transitoire ou éternel, infligé par un Dieu justicier et vengeur.

Et pourtant ? S'il s'agissait de tout autre chose que d'un Dieu sans miséricorde, mais d'une prérogative essentielle et vitale de la personne humaine qui est sa liberté ? Car, en définitive, l'offre d'Alliance dans l'amour, qui nous vient de Dieu, n'a de consistance qu'en dehors de toute contrainte, dans l'adhésion de notre liberté. Il est donc possible qu'un être créé puisse en pleine lucidité s'enfermer dans un refus total et définitif de la relation aux autres et à l'Autre par excellence qu'est Dieu. L'expérience nous montre assez combien on peut se laisser entraîner dans la spirale de l'incompréhension, de la mésentente, où l'on risque de s'enferrer de plus en plus.

Même si un enfer éternel est théoriquement possible, en référence à la liberté humaine, cependant, dégagé des obscurités de la condition terrestre, est-il pensable qu'on puisse s'isoler dans le refus total et définitif de l'Amour infini qui s'offre à nous ? Et puis, quelle disproportion entre une éternité de malheur et quelques années ici-bas !

D'ailleurs le paradis serait-il possible si l'enfer devait être habité ? Au cœur d'un peuple solidaire, le bonheur ne peut être isolé du sort des autres. Dépassant les sentiments de revanche, comment être heureux alors que certains, proches ou non, ne participent pas à la béatitude ultime ? Jésus ne pouvait être en repos tant qu'il n'avait pas retrouvé la centième brebis. Pour beaucoup, d'ailleurs, l'enfer est ici-bas. On ne le situe plus là-haut. Il est hélas parmi nous, dans la barbarie de tant de situations inhumaines.

Quant au purgatoire, n'est-il pas normal de terminer sa vie dans la conscience d'une tâche inachevée, d'un cheminement qui est loin d'être accompli ? De nouveau, ici, il s'agirait moins de sanctions que de vie qui se continue dans un affinement progressif qu'offre une proximité nouvelle avec l'Éternel, libérée des contingences et obscurités de la condition terrestre.

C'est l'image d'un Dieu dénué de miséricorde, peu attentif aux difficultés humaines, un Dieu se drapant dans sa Justice souveraine, qu'au nom même de notre foi nous ne pouvons plus guère ratifier.

Mais c'est également la perspective des châtiments éternels, trop souvent utilisés pour nous maintenir dans le droit chemin, qui a progressivement perdu son emprise sur l'agir chrétien. Car l'expérience de l'entraide et de la solidarité, la confiance reçue et offerte, le bonheur du partage, les appels de l'amour sont plus stimulants que les exclusions et condamnations.

À travers Jésus de Nazareth, c'est notre image de Dieu qui s'est transformée. Lui qui aidait chacun, quelle que soit sa misère ou sa paralysie, à se mettre debout, nous fait entrevoir la densité d'éternité qui est au cœur de la vie quotidienne.

L'au-delà de la mort, confié au mystère de Dieu, n'est plus braqué sur les affres du purgatoire ou des peines éternelles, mais sur le feu d'un amour purifiant et vivifiant.

QUEL AU-DELÀ ?

À certaines époques et encore récemment, une spiritualité assez dominante mettait l'accent sur le dédain de la vie présente, car seul importait d'acquérir des mérites pour l'au-delà, de « gagner son ciel » ! De nos jours, les chrétiens sont heureusement surtout attentifs à donner sens et valeur évangélique à la vie présente. Qu'en est-il alors de l'au-delà, des « fins dernières », au cœur de l'espérance chrétienne ?

Si, du plus intime de soi, on aspire à un au-delà, tellement est intense l'attachement à la vie, le croyant le perçoit comme participation à la vie même de Dieu. C'est aussi parce que les liens profonds établis sur terre et qu'on ne peut croire sans lendemain, nous réfèrent à l'Autre par excellence, le Dieu de l'Alliance. C'est également parce que la vie présente, la réalité vécue, si inhumaine pour beaucoup, se soutient par l'espoir d'un apaisement et l'attente, pour soi comme pour les siens, d'un bonheur enfin réalisé. Nous ne pouvons accepter que tant d'existences fauchées prématurément ou n'ayant rencontré que souffrances et injustices ne puissent un jour s'ouvrir au bonheur, à l'amour, à ce Royaume des Cieux que Jésus annonce et préfigure.

Comment alors notre imagination ne viendrait-elle pas soutenir et habiller cette attente, tout en sachant qu'elle est nécessairement inadéquate par rapport à la transcendance à laquelle nous aspirons, vers laquelle nous cheminons ?

Naguère fleurissaient les descriptions savoureuses des délices de l'au-delà, calquées sur les aspirations insuffisamment réalisées ici-bas, mais aussi les représentations des tortures du purgatoire et de l'enfer. Bruegel, Jérôme Bosch et bien d'autres ont donné libre cours à leur imagination. Aujourd'hui, les évocations concernant l'au-delà se font beaucoup plus sobres. Au cœur de notre foi, notre perception de Dieu restera toujours imparfaite, mystérieuse. Comment imaginer dès lors ce qui nous attend au-delà de la mort ?

Cette inconnue fondamentale se libère heureusement de la terreur paralysante. L'image d'un Dieu juste et bienveillant, qui sait combien est complexe et difficile la condition humaine, se substitue de plus en plus à celle d'un Dieu impitoyable, dont la rigueur était nécessaire, pensait-on, à maintenir les humains dans le droit chemin. Peu à peu découvrons-nous que les attitudes d'accueil, de compassion, de confiance de Jésus à l'égard de chacun, quelle que soit sa misère, sont autrement plus stimulantes que menaces et terreur du jugement dernier.

L'aspiration vers l'au-delà, née de la richesse de nos liens humains mais aussi du tragique de l'existence, n'est-elle qu'une échappatoire ou la trace d'une dimension d'éternité au cœur de l'humain ?

Comme au temps de Jésus, ce qu'il y a de boiteux, de paralysé, d'aveugle, de pécheur en nous et dans les autres a besoin d'entendre, de découvrir que nous sommes aimés, que nous avons du prix aux yeux de Dieu, que le Royaume de Dieu est déjà parmi nous. Et que nous sommes appelés à préparer sa réalisation plénière.

C'est en s'impliquant de plus en plus intensément dans la vie présente, avec tous les miracles de l'amour au quotidien, mais aussi la prise de conscience accrue des drames qui la traversent, que l'espérance d'un au-delà dans l'amour de Dieu s'enracine au plus intime de l'humain.

V

UNE ÉGLISE TOUJOURS À FAIRE NAÎTRE

L'Église catholique est parfois perçue comme un monolithe, qui serait apparu tout constitué, descendu du ciel, sans intervention humaine, comme une institution divine, pure et sans tache. Jésus n'a probablement jamais eu l'intention de fonder une Église. L'Église est humaine, avec ses intuitions sublimes et ses imperfections. Des chrétiens et des chrétiennes se sentent responsables du visage de leur Eglise ; certains souffrent de la voir défigurée et luttent pour qu'elle offre un visage ouvert et accessible à tous, digne de la mémoire de Jésus-Christ à qui elle se réfère. C'est pourquoi on peut considérer que l'Église est toujours à faire naître et à réformer.

L'Église, comme le monde, a besoin d'hommes et de femmes qui se lèvent pour s'indigner et pousser à l'action. Ce sont eux qui entretiennent l'espérance et ouvrent l'avenir. On les appelle prophètes.

Depuis l'Ascension, jour de deuil et d'envoi, et depuis la Pentecôte, jour d'ouverture au monde, le message de Jésus, confié à ses disciples, ne cesse d'être proclamé dans le monde. Les premiers chrétiens se sont organisés pour répondre à l'envoi en mission de leur Seigneur, au sein d'une assemblée qu'ils ont appelée « Eglise ». Celle-ci s'est développée et s'est structurée. Elle a créé ou repris des rites et des signes. Ce sont notamment les sacrements, qui accompagnent les grands moments de l'existence humaine dont ils dévoilent la splendeur cachée. Le plus important d'entre eux est le signe de l'eucharistie, qui nous remet à chaque célébration en présence du Christ. Peu à peu, ces divers services ont été confiés à des responsables : ministres, prêtres, évêques... Comme toute organisation humaine, l'Eglise présente des imperfections et des dysfonctionnements. Elle reste en porte-à-faux vis-à-vis des femmes, sans avoir suivi l'évolution de leur condition. Elle s'est laissée emporter, à l'image des institutions profanes, dans une structure hiérarchique non évangélique et dans les dérives du pouvoir. Aujourd'hui, il faudrait profiter de la crise des ministères pour envisager d'en créer de nouveaux, plus souples, plus démocratiques, mieux partagés entre hommes et femmes et plus conformes à leur vocation première de service. Il faudrait profiter du statut minoritaire des chrétiens et de la fin de la chrétienté pour redonner davantage d'humilité à l'Église, qui fut si souvent arrogante et sûre de sa vérité.

Malgré ses manques, l'Église, néanmoins, reste habitée par un souffle prophétique. Si le jubilé de l'an 2000, censé redonner des chances à chacun, n'a pas été exempt d'ambiguïtés, le développement de la théologie de la libération la pousse à prendre en compte les plus défavorisés. Elle s'ouvre, parfois frileusement, mais prend le risque du dialogue interreligieux, de la rencontre avec les autres chrétiens ou avec le monde agnostique et athée.

Son but ultime n'est autre que de nous entraîner sur un chemin de bonheur et d'espérance, où nous sommes tous appelés à être saints !

OÙ SONT LES PROPHÈTES AUJOURD'HUI ?

Il y a toujours eu des prophètes. Il y en a encore parmi nous. On a beau les supprimer, d'autres surgissent qu'on n'attendait pas. Ce sont des hommes et des femmes de notre temps qui font entendre des paroles fortes d'indignation dans des périodes de crise et qui ne craignent pas de poser des actes. Comme des veilleurs, ils dévoilent des choses cachées. Ils anticipent. Sensibilisés aux injustices, aux abus de pouvoir, aux dysfonctionnements, les prophètes mettent le doigt sur des carences structurelles. Ils dénoncent ces états de chose et ainsi ouvrent un avenir.

Les prophètes ne prêchent jamais la résignation. Ce ne sont pas des prophètes de malheur. Bien au contraire, ils appellent les exclus à se mobiliser pour bâtir une société nouvelle. Ils empêchent l'humanité de régresser.

Un prophète authentique offre le témoignage de sa propre libération intérieure. Comment pourrait-il prêcher la révolte des consciences si lui-même n'essayait pas de vivre ce qu'il annonce ? Mais un prophète n'est jamais bien accueilli par les siens. Il devient vite suspect et perçu comme dangereux pour l'ordre établi. Il est marginalisé.

Les prophètes chrétiens puisent leur inspiration et une force particulière dans l'Évangile. Ils sont non violents, à l'image de Jésus. Ils rappellent à temps et à contretemps la priorité des plus faibles et des démunis. Ils luttent contre toute forme d'esclavage et contre la réduction du sujet à un objet. Ils offrent à tous et à toutes, la possibilité d'envisager une autre vie, plus épanouie et plus libre. Ils ont à cœur que leur Église devienne elle-même prophétique pour le monde.

Les prophètes sont habités par un souffle qui les fait tenir debout dans leurs luttes de libération. Ils portent l'espoir qu'un autre monde est possible, qu'une autre Église peut voir le jour. Ils ouvrent un chemin de progrès.

Tant que se lèveront des prophètes parmi nous, le monde pourra trouver des raisons d'espérer.

L'ASCENSION : DU DEUIL À L'ENVOI EN MISSION

Les Évangiles et les Actes des Apôtres nous disent que, après s'être montré à plusieurs reprises à ses proches, Jésus ressuscité avait été enlevé au ciel. « Comme il les bénissait, il se sépara d'eux et fut emporté au ciel » (Le 24, 51), écrit l'Évangile de Luc. Les Actes des Apôtres précisent : « Sous leurs yeux, il s'éleva et une nuée vint le soustraire à leurs regards. Comme ils fixaient encore le ciel, où Jésus s'en allait, voici que deux messagers [...] leur dirent : "Gens de Galilée, pourquoi restez-vous là à regarder vers le ciel ?" » (Ac 1, 9-11).

Cette fête de l'Ascension, si elle concerne Jésus, nous parle surtout de ses apôtres et disciples. Il fallait, en effet, que, après avoir pris conscience que la mort sur la croix n'avait pas anéanti Jésus et qu'il était vivant, ses disciples acceptent qu'il ne soit plus avec eux comme avant. Ils devaient faire le deuil de sa présence, telle qu'ils l'avaient connue au cours de ces années où ils avaient été les témoins privilégiés de son message de vie. Loin d'espérer retourner en arrière, il s'agissait de s'en aller, à leur tour, communiquer la Bonne Nouvelle. Au lieu d'en rester à regarder le ciel, c'est dorénavant la terre, le monde qui les appelle.

Les signes ne tombent pas du ciel ; ils sont là, à notre portée, ils émanent sans cesse du monde dans lequel nous sommes insérés. Il s'agit maintenant d'implanter partout le message d'entraide et de solidarité, au cœur duquel le souci des autres et l'amour de Dieu se rejoignent et s'harmonisent. C'est à leur amour les uns pour les autres, avait dit Jésus, que l'on reconnaîtra mes disciples. Mais, comment aller de l'avant, être attentif aux appels inédits qui se présentent, comment accueillir l'aventure de la vie si on reste figé sur ce qui a été ?

POUR UNE ÉGLISE CRÉDIBLE

Le mot « Église » signifie « convocation », « assemblée convoquée ». Si les premiers chrétiens ont choisi ce mot grec pour nommer leurs communautés, c'est qu'ils avaient conscience d'être rassemblés non pas de leur seule volonté, mais appelés par Dieu. L'Église conserve ce double aspect de société humaine et de réponse à un appel venu d'ailleurs.

L'Église est située dans l'histoire et la société ; c'est son aspect visible. En même temps, elle transcende cette histoire et cette société. On ne peut gommer cette réalité d'ordre spirituel au profit du seul aspect fonctionnel de l'Église. Cette dernière est une organisation humaine soumise aux aléas, ayant puisé son modèle de gouvernement dans la culture romaine, féodale ou monarchique. Mais elle est aussi le champ que Dieu cultive, sa construction de pierres vivantes, sa famille, son peuple et, pour prendre encore une autre image, l'habitation du Saint-Esprit. Son autorité lui vient du Christ et pas seulement des humains. En réduisant l'Église à son aspect organisationnel visible, celle-ci abandonnerait ce qui est son mystère et sa nature profonde. Elle serait amputée de sa raison d'être, qui sont des données de la foi et pas seulement des réalités sociologiques.

Néanmoins, c'est en la réalité visible de l'Église que l'on peut voir transparaître sa réalité spirituelle. L'Église n'est pas que construction humaine certes, mais chrétiennes et chrétiens ont la responsabilité de rendre son aspect visible conforme à son aspect spirituel.

Trop souvent le mot « Église » évoque les ministres permanents de l'institution, la hiérarchie, le magistère et non plus le peuple des croyants qui se rassemble. Cela tient à l'histoire qui a vu le peuple de Dieu se scinder entre clercs d'un côté et laïcs de l'autre, les premiers détenant les pouvoirs d'enseigner, de gouverner et de sanctifier par les sacrements, les seconds n'ayant qu'un rôle passif et soumis.

Jésus n'a pas fondé l'Église avec l'organisation que nous lui connaissons. Il a annoncé le Royaume. Sa mort avait symboliquement déchiré le rideau du Temple qui séparait le sacré du profane, le pur de l'impur. Mais l'histoire n'a pas mis beaucoup plus de quatre siècles pour recoudre celui-ci, c'est-à-dire pour sacraliser à nouveau un corps de clercs et réinstaurer des rites sacrificiels.

La conjoncture actuelle nous rapproche des premiers temps de l'Église, avant qu'elle ne devienne religion. L'Église d'aujourd'hui est devenue plurielle, elle n'est plus majoritaire. Elle est rappelée à davantage de modestie. Elle gagne en qualité ce qu'elle perd en quantité. L'appartenance sociologique à l'Église fait place à l'authenticité de l'engagement et à la profondeur de la foi.

La diminution du nombre de prêtres est une opportunité providentielle pour réviser le rôle surplombant des ministres de l'Église. Sous la poussée des besoins des communautés, des laïcs, femmes et hommes, se lèvent pour rendre service et retrouver ainsi le vrai sens du ministère. Leur action change le visage de l'Église qui apparaît plus proche, moins dominateur et moralisateur. Malheureusement, beaucoup sont déçus par des blocages psychologiques et structurels qui empêchent de redonner au peuple des croyants sa pleine dimension.

La division de l'Église en deux castes, clercs et laïcs, ne correspond plus à nos pratiques démocratiques, mais surtout elle n'est pas conforme à l'Évangile. « N'appelez personne Maître, car vous n'avez qu'un seul Maître » (Mt 23, 8). Et nous savons que ce « maître » a pratiqué son autorité sous le mode du service et du don de soi, en lavant les pieds de ses amis et en se laissant supplicier sur une croix.

Il appartient donc au peuple chrétien dans son entier de faire entrer dans l'organisation de l'Église des pratiques de partage et de responsabilité, de prises de décisions collégiales, de parité et de partenariat pour mieux accomplir sa mission. Seulement alors, elle manifestera qu'elle est bien l'Église du Christ et deviendra crédible à nos contemporains.

PENTECÔTE

Cinquante jours après Pâques, la fête de Pentecôte célèbre le don de l'Esprit saint fait par Dieu à l'Église.

La promesse de Jésus à ses disciples se réalise : « Vous allez recevoir une force, celle de l'Esprit saint qui viendra sur vous ; vous serez mes témoins à Jérusalem, dans toute la Judée et la Samarie et jusqu'aux extrémités de la terre » (Ac 1, 8).

Le jour de la Pentecôte, les disciples étaient réunis à Jérusalem. Depuis les événements de Pâques, la crainte les habitait. Ils restaient entre eux, coupés du monde.

Or, voici que l'Esprit saint, don de Dieu, vient sur eux. Ils sont délivrés de la peur et vont pouvoir sortir ; ils reçoivent une force et vont pouvoir parler. La petite communauté des apôtres a l'audace d'aller à la rencontre de la grande communauté humaine venue à Jérusalem pour la fête. Le groupe des disciples va au-devant de la grande famille des peuples les plus divers.

Grâce à l'Esprit saint, la communication s'établit, le message est reçu, le témoignage est donné. Dans la foule, chacun se sent concerné. La Pentecôte est une communion réussie, malgré la diversité et la barrière des langues, des cultures, des religions.

L'Église de Pentecôte est une Église qui ose parler et agir. Elle fait ce qu'elle dit. Ce langage est compris par tous, même s'il est contesté.

L'Église de Pentecôte est une Église qui ne cesse d'accueillir l'Esprit saint pour se porter, au-delà des frontières, à la rencontre des peuples de la terre. Non pour dominer, mais pour témoigner avec respect.

UN SOUFFLE NOUS HABITE

L'Esprit de Pentecôte est souffle de vie, torrent débordant, vent violent, eau vive, feu dévorant. Il bouscule tout sur son passage, provoque germination, enfantement, nouveauté. C'est un esprit créateur.

Il ne parle pas, il agit. Pas seulement en nous, mais dans la vie du monde. Il est insaisissable, invisible. « Tu entends sa voix et tu ne sais ni d'où il vient ni où il va » (Jn 3, 8).

L'Esprit qui fait vivre n'est prisonnier d'aucune frontière, aucune terre ne lui est interdite. Il nous devance partout et nous surprend toujours. Peut-on découvrir son passage et percevoir ses effets ? Son action ne tombe pas sous nos sens. Mais des signes de sa présence peuvent être discernés dans la foi. « L'amour de Dieu a été répandu dans nos cœurs par l'Esprit saint (Rm 5, 5). « Là où est l'Esprit du Seigneur, là est la liberté » (2 Co 3, 17). «Voici les fruits de l'Esprit : amour, joie, paix, largeur d'esprit, générosité, bonté, foi, douceur, maîtrise de soi » (Ga 5, 22).

Il rend le cœur brûlant et porte l'Évangile sur les chemins de l'Histoire. Il visite l'âme profonde et remplit l'univers. Il agit en chacun de nous, mais aussi au cœur du monde, à la manière d'un ferment pour faire advenir la justice et la paix.

Par sa venue en nous, on peut renaître pour devenir solidaire de tous, et spécialement de ceux que la société délaisse. Il donne l'empressement de l'amour, le courage de la vérité.

Comment ne pas désirer ce don de Dieu ?

L'Esprit ne s'achète pas, il se reçoit en confiance. Il habitait en force Jésus, qui nous le communique.

Quand des chrétiens se rassemblent dans l'amitié et la prière, ils se disposent à recevoir l'Esprit qui donne la vie.

LES SACREMENTS, SIGNES DE L'ALLIANCE

Quand Jésus annonce la Bonne Nouvelle aux pauvres, guérit les lépreux, ouvre les yeux de l'aveugle, fait le geste du lavement des pieds, il dit quelque chose de Dieu, de son Alliance avec l'humanité. Il atteste la présence de Dieu dans la vie quotidienne des gens.

Par ses paroles et par ses actes, il dévoile le visage de Dieu. Son humanité fait signe. Elle révèle Dieu. « Qui m'a vu a vu le Père », dit Jésus.

L'apôtre Jean donne le même écho :

« Ce que nous avons vu

Ce que nous avons entendu

Ce que nous avons contemplé

Ce que nous avons touché du Verbe de Vie [...]

nous vous l'annonçons. (1 Jn 1, 1) »

Jésus est le sacrement de Dieu. Le sacrement fait voir ce qu'on ne voit pas. C'est un signe. À partir de ce qu'on voit, on peut, dans la foi, voir ce qu'on ne voit pas. On passe d'une réalité visible à une réalité invisible. Par-delà les signes, on a accès à un autre univers de profondeur, que l'on appelle le mystère.

Aujourd'hui, l'Église (les Églises), par ce qu'elle dit ou ne dit pas, par ce qu'elle fait ou ne fait pas, est responsable du visage qu'elle présente au monde. Elle donne une image d'elle-même. Elle fait signe. Elle est sacrement du Christ pour le monde.

Quand l'Église célèbre les sacrements, elle découvre son visage en exprimant ce qu'elle est. Les différents sacrements façonnent son visage. Ils construisent l'Église. Quand elle baptise, célèbre un mariage, ordonne des prêtres, fait l'Eucharistie, elle dit quelque chose du mystère qu'elle porte et de la Bonne Nouvelle qu'elle vient annoncer aux hommes et aux femmes de notre temps.

La vie chrétienne a une dimension sacramentelle. Par leurs manières de vivre et de s'engager, les chrétiens donnent visibilité à l'Église. Par leur présence au monde, ils peuvent faire signe et renvoyer au Christ. Les différents sacrements rejoignent aujourd'hui une dimension importante de notre existence humaine, comme la naissance, l'amour humain, le pardon, la fraternité, l'épreuve de la maladie... Ils sont sources de vie et de sens, et apportent, non seulement au moment même de leur célébration, mais tout au long de la vie, un éclairage nouveau sur l'existence.

Ainsi comprend-on mieux que les sacrements sont moins une mise en ordre qu'une mise en route. Moins une question de solennité que d'authenticité humaine. Ils dévoilent la splendeur cachée de nos existences et révèlent le sens profond de ce qui est vécu au quotidien.

LES ÉTAPES DE L'INITIATION CHRÉTIENNE

Comme dans toutes les religions, il y a des étapes à franchir et des préparations à faire pour devenir membre de la communauté chrétienne. Une initiation progressive se révèle nécessaire pour entrer dans un univers qui ne nous est pas familier. C'est le rôle du baptême, de la confirmation, de l'Eucharistie, qui sont les sacrements de l'initiation chrétienne.

Nous avons des enfants ou des petits-enfants, nous connaissons des adultes dont les uns sont baptisés et les autres pas. Nous croyons que Dieu répand son amour sur tous sans distinction. Dieu ne limite pas ses dons aux actes sacramentels que l'Église peut poser. Mais si l'Église baptise, c'est pour manifester et reconnaître le dessein d'Alliance de Dieu avec l'humanité.

Le baptême, c'est naître à la manière de Jésus, au monde, aux autres et à soi-même. C'est une nouvelle manière de vivre sa vie. Jésus continue sa vie en nous pour une nouvelle naissance.

Le baptême manifeste que l'Esprit saint nous habite et qu'il fait de nous des chrétiens, disciples de Jésus. C'est l'entrée dans l'Église.

La Pâque de Jésus devient la nôtre. Progressivement nous comprenons que notre baptême nous met au service de toute l'humanité. Il n'est pas trop de toute une vie pour mettre en œuvre ce que l'on a reçu un jour.

La confirmation est dans le sillage du baptême. L'Esprit saint va accomplir chez les baptisés ce qu'il a réalisé chez les apôtres le jour de la Pentecôte. Il vient comme une force pour que les confirmés puissent témoigner de Jésus dans toutes les situations où ils se trouvent. La confirmation, c'est la Pentecôte pour la vie.

Le baptême et la confirmation conduisent à l'Eucharistie.

Les sacrements de l'initiation demeurent liés, même s'ils sont reçus à des moments différents. Ils se célèbrent habituellement au temps de Pâques et les adultes les reçoivent au cours d'une même célébration. Préparés avec d'autres, en communauté, ils font entrer dans l'Église afin d'y prendre sa responsabilité.

L'Église s'enrichit ainsi de toutes ces personnes qui viennent d'ailleurs et qui sont imprégnées des cultures de notre époque. Grâce à elles, l'Église qui les accueille se renouvelle.

LE SIGNE EUCHARISTIQUE

Pour célébrer la Pâque suivant la coutume de son peuple, Jésus réunit les siens au soir du jeudi saint. « J'ai désiré d'un grand désir manger cette pâque avec vous », dit-il à ses disciples. Ce repas pris en commun, en commémorant la sortie de l'esclavage en Egypte, célèbre Dieu qui libère de toutes les servitudes et ouvre la voie vers la Terre promise.

Il est bon de se rappeler la signification de cette pâque juive quand nous cherchons à mieux comprendre la place de l'Eucharistie dans notre vie chrétienne. C'est en effet pour commémorer ce dernier repas pris par Jésus avec les siens, à la veille de sa passion, que les premières communautés chrétiennes étaient « assidues à la fraction du pain [...] qu'ils rompaient à domicile », comme nous le racontent les Actes des Apôtres (2, 42-46).

L'Eucharistie est donc une démarche non individuelle, mais d'une communauté qui se soude et s'approfondit autour de Jésus, dans la foi en sa présence mystérieuse par-delà sa mort. Démarche d'action de grâces, telle est la signification du mot « eucharistie », de reconnaissance à l'égard de Dieu libérateur aujourd'hui, comme il l'a été jadis pour le peuple hébreu. La langue grecque a gardé, dans le parler courant, le mot eucharistos pour dire merci. La terre entière est ce peuple qui marche, souvent à tâtons, cherchant à forger, non sans récriminations et découragements, les multiples libérations auxquelles il est appelé. Et, pour les croyants, dans la reconnaissance d'un Dieu de bienveillance et d'amour.

Je suis pleinement des vôtres, je fais corps avec vous et je le reste au-delà de la séparation de la mort, n'est-ce pas cela que Jésus a dit aux siens et nous dit aujourd'hui dans cette parole et ce geste lourd de sens : « Ceci est mon corps » ? Et lorsqu'il ajoute, en prenant la coupe de vin : « Ceci est mon sang » ? Il nous dit que c'est un même sang qui coule dans nos veines, la même vie qui nous anime tous, qui est la vie même de Dieu que nous avons en partage, quelles que soient nos déficiences et petitesses. Vie qui connaît certes la passion et la mort, mais qui est porteuse d'éternité, en Alliance avec Dieu.

Alors que Matthieu, Marc et Luc, de même que Paul dans sa première lettre aux Corinthiens (1 Co 11, 23-26), relatent à peu près dans les mêmes termes ce repas pascal, à notre grand étonnement, Jean l'évangéliste n'en parle pas. Mais il nous dit : « Avant la fête de Pâques, sachant que son heure était venue [...], Jésus se lève de table, prend un linge [...] et se met à laver les pieds de ses disciples » (Jn 13, 1-5). L'amour du prochain, l'humble service de nos frères et sœurs, est aussi eucharistique que le signe du pain et du vin. Lavement des pieds particulièrement révélateur de ce que Jésus a été parmi ses contemporains, soulageant la détresse, guérissant les malades, aidant chacun à se mettre debout.

Et lorsque Jésus ajoute, suivant le récit de Marc : « Faites ceci en mémoire de moi », nous recommande-t-il avant tout de multiplier le geste liturgique ou de traduire partout, dans la vie de tous les jours, le service d'entraide et de solidarité, seul apte à construire un monde de justice et d'amour, à la mesure de Dieu ? Quel sens aurait d'ailleurs un geste liturgique qui n'orienterait pas le quotidien de l'existence ?

Ainsi, la célébration de l'Eucharistie est une démarche qui engage, en communauté, dans la foi en Dieu présent au cœur de notre cheminement terrestre, tendu vers la Terre promise, ce Règne de Dieu déjà inauguré parmi nous.

ET LA PLACE DES FEMMES ?

Il y a, sinon un contentieux, au moins une ambivalence dans les relations entre les femmes et l'Église. D'un côté, l'Église soutient les femmes et, d'un autre, elle les bloque.

L'Église est un soutien pour la dignité humaine des femmes. « L'humanité féminine », selon une belle expression de Jean-Paul II, est considérée comme devant être dans un statut de parité essentielle avec l'humanité masculine. Chaque fois que les droits des femmes sont atteints, l'Église proteste. Elle combat toute forme de discrimination fondée sur le sexe (mais aussi sur la race ou la couleur de peau), comme contraire au dessein de Dieu. Dans l'histoire, c'est elle qui a fait dépendre la validité du mariage du consentement des époux, donc des femmes, qui n'étaient plus soumises au bon vouloir des pères. À l'occasion de la conférence de Pékin sur les femmes, l'Église a été plus loin encore en exprimant des regrets devant la responsabilité qu'elle porte dans la dénaturation et la réduction en esclavage des femmes et en reconnaissant la violence qui s'exerce contre elles. Elle proclame la responsabilité égale de l'homme et de la femme dans la construction de l'Histoire (lettre de Jean-Paul II aux femmes, juin 1995).

En même temps, l'Église bloque les femmes dans une image et un statut. L'image de la femme promue, voire sacralisée, par l'Eglise est essentiellement celle de la mère, qui sait si bien se dévouer et se sacrifier. C'est en étant mère qu'elle atteint la perfection féminine. La figure de la Vierge elle-même n'échappe pas à une maternité spirituelle. Les femmes sont identifiées par leur sexualité. Ne disait-on pas, en parlant d'elles, « les personnes du sexe » ? Seule la maternité (et la virginité consacrée) permet de sublimer cette sexualité inquiétante. Cependant, aujourd'hui les femmes sont de moins en moins déterminées par la maternité. Bien d'autres secteurs d'activité s'offrent à elles, dans le travail professionnel notamment, que la maîtrise de la fécondité et l'allongement de leur vie leur permettent d'investir et qui les épanouit.

Dans son fonctionnement interne, l'Église n'accorde pas les mêmes possibilités aux hommes et aux femmes. Ne pouvant devenir prêtres, en vertu d'une vocation singulière que leur attribue l'Église, les femmes sont ainsi éloignées des sphères de décision, réservées aux ministres ordonnés.

Deux conséquences en découlent. D'une part, on assiste à un dysfonctionnement dû au fait que ce sont des femmes qui sont majoritairement au service de l'Église et qu'elles restent cantonnées dans des rôles subalternes en dépit des responsabilités qu'elles assument concrètement. D'autre part, les représentations du féminin que l'Église diffuse dans la société par cette pratique de discrimination, invalident les beaux principes qu'elle tient par ailleurs.

Combien de temps l'Église pourra-t-elle rester en porte-à-faux vis-à-vis des femmes ?

CRÉER DES MINISTÈRES NOUVEAUX

Le mot « ministère » signifie service, tant dans son sens politique (ministère de l'Intérieur : service de l'Intérieur) que dans son sens religieux (ministère des prêtres). Malheureusement, dans les deux cas, lorsqu'on parle des ministères, on est plus sensible à la dimension de pouvoir liée à ces fonctions qu'à celle de service. S'ils sont perçus ainsi, c'est que les ministres donnent fréquemment cette image d'eux-mêmes dans leur façon d'exercer leur fonction : pouvoir sur la gestion de l'État et sur les citoyens dans le premier cas, pouvoir sur les consciences dans le second cas.

Une telle conception ne facilite pas les relations entre l'État et les citoyens, ni entre la hiérarchie ecclésiastique et les chrétiens. C'est particulièrement grave dans le second cas, car l'Église n'est pas tempérée comme l'État par les principes démocratiques (le pouvoir des prêtres est appelé pouvoir sacré d'origine divine) et parce que, de surcroît, elle se montre infidèle au message de l'Évangile qu'elle est censée transmettre. Celui-ci nous montre Jésus, le Maître, agir comme un serviteur. Courbé devant ses disciples, pendant qu'il leur lave les pieds, il lève les yeux vers eux, inversant ainsi les rapports de subordination. Sa mort sur la croix est le sommet de son abaissement. Et la recommandation qu'il fait à ses disciples, c'est qu'ils agissent de même les uns avec les autres.

Le pouvoir est une relation ; si les ministres de l'Église ont pu l'exercer, c'est que les chrétiens et chrétiennes l'ont attendu de leurs pasteurs. C'était naguère la relation normale entre clercs et laïcs, relation dissymétrique entre enseignants/enseignés, gouvernants/ gouvernés, célébrants/assistants.

Aujourd'hui, nous sommes témoins de la naissance de communautés chrétiennes adultes, composées d'hommes et de femmes formés tant sur le plan profane que sur le plan religieux. Elles souhaitent l'exercice d'une véritable coresponsabilité tant dans le choix des ministres que dans la gestion de la communauté ou le souci de la mission. Elles ont davantage besoin d'animateurs, de rassembleurs, de spécialistes de la communication, dotés de véritables compétences humaines et spirituelles, que de personnages sacrés et séparés du monde, exerçant leur autorité sur les personnes et les biens. Nous constatons déjà une diversification de la fonction de ministre : à côté des évêques et prêtres, on voit apparaître des diacres mariés et, surtout, on assiste à une explosion de ministères laïcs prenant en charge la catéchèse, l'accueil, les célébrations des funérailles ou l'animation liturgique.

Ces ministères nouveaux sont de nature à assouplir les règles actuelles de l'accès au presbytérat, inadaptées aux changements culturels survenus dans nos sociétés. On pourrait alors envisager des ministères plus souples, adaptables, partiels, provisoires, spécialisés ou généraux, réorientables, qui entraîneraient une moindre crispation sur le pouvoir que ne le fait le ministère à vie. Le choix possible de tous et de toutes sans distinction d'état de vie, d'âge ou de sexe engendrerait des identités ministérielles plus variées et plus riches, et relativiserait la loi du célibat.

La désacralisation des ministres ferait place à une relation de plus grande proximité. Ces formes nouvelles qui se développent sous la poussée des besoins ne peuvent que se heurter à l'institution dans sa législation présente ; celle-ci réagit en fixant des limites à un tel mouvement. Mais la lettre de la loi peut-elle aller contre les nécessités de la vie et la marche vers la vérité ?

ORDONNER, POUR QUOI ?

Lorsque le mouvement de Jésus s'est répandu et développé, et que les communautés chrétiennes se sont multipliées sur le territoire, il est devenu nécessaire de structurer cette Église primitive et d'instituer des ministères et des charges. Au départ, cette répartition des charges était fondée sur les dons et les compétences de chacun et chacune. Peu à peu, l'organisation des communautés s'est calquée sur l'administration romaine. La communauté s'est divisée en clercs et laïcs, et on a vu apparaître une hiérarchie entre eux. Les premiers détenaient les pouvoirs, les seconds étaient soumis et n'avaient plus qu'un rôle passif.

Aujourd'hui, cette façon d'exercer le ministère connaît une crise, qui se traduit entre autres par un manque de prêtres. L'évolution des sociétés démocratiques ne se satisfait pas d'une Église hiérarchisée en deux classes. Mais les besoins des communautés chrétiennes ne sont pas couverts. L'Esprit, qui n'est jamais à court, y pourvoit, et des laïcs, femmes et hommes, se mettent au service de leurs frères et sœurs. Les diocèses se préoccupent de leur formation et les évêques reconnaissent au cas par cas leurs missions. Les personnes qui n'ont suivi que de loin l'évolution de l'Église, s'étonnent de ces changements de visages dans les services qu'elles demandent à l'Église, mais une fois ce premier mouvement passé, elles apprécient l'attention et la proximité qui se dégagent de ces nouveaux ministères. Ceux-ci sont exercés par des femmes et des hommes mariés, pour une tâche et un objectif déterminés, pour un temps limité, éventuellement renouvelable ; ce sont des ministères non exclusifs d'une autre activité sociale, professionnelle ou familiale.

Cet état de fait interroge profondément le sacrement de l'ordre. Ce dernier doit-il continuer à faire entrer de jeunes hommes dans un état, voire une identité, distinct et supérieur de celui du peuple des chrétiens et chrétiennes ? N'est-il pas temps de retrouver les intuitions de l'origine et la liberté d'initiative du début de l'Église ?

Faudrait-il abandonner pour autant le sacrement de l'ordre ? Celui-ci veut signifier qu'une personne est mise de façon officielle au service de la croissance d'une communauté. Renoncer à la structure hiérarchique n'est pas tomber pour autant dans l'anarchie. Tout groupe humain a besoin d'animateurs et de responsables. La croissance d'une communauté passe aussi par le service des sacrements. Les sacrements sont signes de la présence et de la prévenance de Dieu vis-à-vis de nous. Il est normal que celles et ceux qui sont gestionnaires de ces signes le soient de façon pleinement reconnue par l'Église, engageant celle-ci par les actes posés. Il est souhaitable de continuer à ordonner pour que soient reconnus par l'Église les services rendus dans la communauté chrétienne : annonce de l'Évangile, rassemblement autour du repas du Seigneur, célébration des sacrements, liens avec les autres communautés et avec l'Église dans son ensemble.

L'ordination des personnes engagées pour un temps déterminé, sans condition de statut ou de sexe, donnerait ainsi à l'Église un visage plus humain et un fonctionnement plus démocratique. L'ordre resterait alors le sacrement du service et le service du sacrement.

UN JUBILÉ POUR REDONNER DES CHANCES À CHACUN

L'antique tradition juive voulait que tous les cinquante ans soient proclamées la remise des dettes et la libération des esclaves. Plus question d'exploiter les pauvres et de faire du tort à l'étranger : l'heure était à la justice sociale et chacun devait retrouver ses droits. La société essayait de remettre les compteurs à zéro pour un nouveau départ : on répartissait plus justement les biens, une utopie dont le peuple avait besoin. L'année jubilaire annonçait une année de libération. Les laissés-pour-compte de la société en étaient les premiers bénéficiaires. Sans eux, le Jubilé n'aurait pas de sens. Il sera une fête pour tous s'il est d'abord une fête pour les exclus. Le jeune prophète de Nazareth renouvellera complètement cette pratique du Jubilé. Il est « envoyé annoncer la Bonne Nouvelle aux pauvres, aux captifs la délivrance, aux aveugles le retour à la vue, rendre la liberté aux opprimés, et proclamer une année de grâce du Seigneur» (Le 4, 18-19).

Quelle subversion ! Jésus ne se contentera pas de discours : il passera aux actes. Il ne lui suffira pas de rejoindre les pauvres, il y laissera sa vie. Alors le peuple tout entier, rendu à l'espoir, se dressera. Un nouveau monde est possible.

L'Église a conservé cette tradition, et le dernier jubilé a eu lieu en l'an 2000. Qu'a-t-on fait de ce Jubilé ? Est-ce l'occasion de poser des signes de libération et de faire des gestes de réconciliation ? À qui profite-t-il ? Quelle est la contribution des Églises face à la scandaleuse injustice du monde ? Le Jubilé ne se réduit pas seulement à sa composante spirituelle, il doit aussi poser des actes au plan de la justice sociale.

Des festivités grandioses et forcément coûteuses, des pèlerinages en grand nombre... ne suffisent pas à faire d'un Jubilé une bonne nouvelle pour les exclus. Si les Églises se préoccupent d'elles-mêmes, soucieuses avant tout d'organiser des rassemblements exceptionnels, elles confisquent le Jubilé à leur profit. La parole de Jésus, « Qui aime sa vie la perdra », vaut aussi pour l'Église.

Si le Jubilé se célèbre entre gens « bien pensants », que reste-t-il de la subversion apportée par Jésus ?

ÉMERGENCES DES THÉOLOGIES DE LA LIBÉRATION

On pense d'emblée à l'Amérique latine. Mais il y a celles d'Asie qui mettent l'accent sur le pluralisme religieux. Il y a les religions de l'Afrique qui insistent sur l'acculturation. L'oppression culturelle a suscité chez les Africains une recherche d'identité. Les femmes ont pris conscience collectivement de leur aliénation tant sociale qu'ecclésiale. Elles se sont mises à explorer, avec les outils de la théologie, leur expérience de femmes réduites au silence, exclues, banalisées et marginalisées parce que femmes.

Mais c'est en Amérique latine que les théologies de la libération ont trouvé leur premier enracinement. Elles vont émerger dans un contexte de mouvement de libération face aux dictatures et à l'oppression économique.

Leur acte de naissance se situe à Medellin (Colombie) en 1968, lors de la Conférence de l'épiscopat latino-américain (CELAM). Medellin ne cessera d'être par la suite une référence incontournable. Gustavo Gutierrez, théologien du Pérou, en sera considéré comme le fondateur.

La caractéristique fondamentale de ces théologies est leur point de départ : le monde des pauvres et des opprimés. C'est la pratique des êtres humains comme acteurs historiques. On passe d'un statut de consommateur de biens religieux à celui de « sujet » ecclésial. On assiste alors à l'éclosion des communautés de base. La place vitale de la parole de Dieu, l'animation des communautés par des laïcs hommes et femmes, l'apparition de nouvelles formes de ministères, la créativité liturgique... susciteront une nouvelle façon d'être.

Les théologies de la libération font le choix d'une christologie partant d'« en bas » : « Et le Verbe s'est fait chair », dit saint Jean. Elles mettent en relief le jeune prophète de Nazareth, le Jésus terrestre de l'histoire. D'où l'insistance sur la place centrale du Royaume de Dieu dans l'activité de Jésus, son choix des plus petits, les causes historiques de sa mort.

Quand le monde des opprimés prend conscience de sa dignité et de sa force pour sa libération, il devient dangereux pour les pouvoirs en place et l'ordre établi. La répression ne tardera pas à s'abattre sur les tenants de ces théologies, au nom de l'idéologie de la sécurité nationale. Rome fera des mises en garde. Mais tant que des pauvres vivront dans l'oppression, les théologies de la libération continueront d'exister.

L'ENJEU DU DIALOGUE INTERRELIGIEUX

Nous vivons de plus en plus dans un monde pluraliste. Que ce soit au travail, dans le quartier ou lors de fêtes de famille, nous rencontrons des personnes qui n'ont pas la même religion que nous. Les religions ne sont pas d'abord des réalités abstraites. Elles évoquent des visages précis, des femmes, des hommes connus de nous. Aujourd'hui, en France, l'Islam est devenu la deuxième religion et sa visibilité ne cesse de s'accroître.

Par les moyens de communication dont nous disposons, nous n'avons jamais été aussi proches les uns des autres sur la planète. Les distances sont abolies. On parle de « village planétaire », car on ne peut plus s'ignorer. Ainsi en est-il des religions. Les croyances circulent partout, elles font partie du paysage. Ce brassage des religions oblige à à entrer en dialogue, à se connaître, à partager ressources spirituelles et traditions.

Ces rencontres sont une chance, même si elles ont aussi leur côté éprouvant. Elles manifestent, en effet, que les autres ont quelque chose à nous dire. En rencontrant ces représentants de tant de religions différentes, nous faisons l'expérience du vis-à-vis : aujourd'hui plus personne ne peut dire que sa religion est la seule. Le mot « religion » se conjugue au pluriel. Nous vivons quelque chose qui est de l'ordre de la désinstallation. Occasion de réfléchir, à frais nouveaux, au rapport que nous entretenons avec la vérité. Nous sommes dans un univers complexe. Nous ne proclamons pas la vérité comme on exhiberait un drapeau ; en même temps, nous ne faisons pas n'importe quoi.

C'est pourquoi les religions ont à s'interroger sur ce qu'elles sont et sur la manière dont elles sont perçues. Ne courent-elles pas le risque, sous l'impulsion des courants intégristes, de devenir facteur d'intransigeance et de violence ? Que de « guerres saintes » au nom des religions, pour des combats qui n'ont rien à voir avec le message évangélique ! Que de positions morales rigides, qui inculquent une image combien déformée de la justice et de la bienveillance divines ! Plutôt que de conduire vers Dieu, elles détournent tant de bonnes volontés.

À Assise, en 1986 puis en 2001, les religions se sont retrouvées sur le même pied d'égalité. Il n'y avait pas de confusion. Chacune gardait sa singularité et s'exprimait dans sa propre prière. Assise n'offrait pas le visage d'une religion mondiale, ni le signe d'une unité supra religieuse, elle laissait pressentir, de façon prophétique, une unité plus riche faite de la diversité même des religions.

Cela ne va pas sans réticence ni résistance. Les intégrismes existent dans toutes les religions. Le manque de formation et la peur des changements expliquent pour une part ces blocages et ces intolérances. Le dialogue interreligieux ne va pas de soi. Il connaît des impasses. Mais il introduit souvent dans un dynamisme de transformation et d'approfondissement de notre croyance. Si on accepte le dialogue, on est obligé de bouger. C'est une autre manière de penser, de voir et de comprendre.

Le Dieu des chrétiens, celui que Jésus nomme « Père », appelle à reconnaître les valeurs qui animent toute personne, quelle que soit sa religion.

L'ŒCUMÉNISME, UNE TÂCHE POUR TOUS LES CHRÉTIENS

L'œcuménisme est la recherche d'union entre les chrétiens. Ce mouvement est né de la prise de conscience du scandale que constituaient des Églises séparées, se recommandant toutes du même Christ. Aussi, des rencontres ont eu lieu là où on se lançait des anathèmes, des institutions se sont fondées comme le Conseil œcuménique des Églises ou la Semaine de prière pour l'unité, des groupes d'experts travaillent à réduire les difficultés doctrinales. On a pu constater des avancées certaines, comme la traduction œcuménique de la Bible ou le Notre Père commun. Néanmoins, le processus n'avance que très lentement et se heurte à bien des difficultés. Il connaît même de réelles régressions. Il est vrai que les démarches de rapprochement datent d'à peine cent ans et elles ne peuvent effacer des siècles de divisions. Les chrétiens de la base, peu au fait des raisons historiques et doctrinales des séparations, ne voient pas bien les différences entre les Églises et vivent souvent un œcuménisme de fait.

Cette lenteur et ces régressions tiennent pour une part à la façon de concevoir la vérité. Chaque Église est persuadée d'être dans la vérité et d'avoir des raisons légitimes de penser ce qu'elle pense et d'agir comme elle le croit bon. Le recours à des légitimations venant soi-disant de Dieu lui-même, de sa révélation et de sa volonté, rend difficile toute remise en question.

Peu à peu, on a abandonné l'idée de faire du prosélytisme et de réunir les Églises au sein de l'Église catholique. On se dirige davantage vers l'idée que chaque Église possède une vérité, qui aide à approfondir la Vérité. Il n'y a guère moyen d'avancer dans un rapprochement si la vérité est conçue comme un donné préexistant ou comme une propriété. La vérité est-elle possédée ou n'est-elle pas plutôt à faire ? N'est-ce pas dans le dialogue et la communication qui exigent une ouverture à l'autre permettant de se comprendre mutuellement, qu'une vérité commune peut naître ? Si on entre en dialogue, voire en débat, c'est bien en prenant le risque de penser autrement après qu'avant. Mais cette conception est marquée par un certain relativisme de la vérité, qui ne plaît pas aux Églises, sûres de détenir la vérité pleine, entière et définitive, et qui réclament une préséance vis-à-vis des autres. Cependant, une conception de la vérité absolue paraît plus dangereuse que celle d'une vérité relative aux époques, aux histoires, aux conceptions du monde... C'est au nom de l'absolu qu'on entre en croisade, incapable de comprendre la vérité de l'autre.

La vérité, pour un chrétien, n'est cependant pas faite de formules dogmatiques, elle est une personne, celle du Christ venant de Dieu. Or, qui peut prétendre connaître le mystère d'une personne, qui peut mettre la main sur elle, surtout quand il s'agit du Christ ? Ne devons-nous pas rester humbles devant cette réalité ? La vérité est chemin de vie et non magasin de vérités à croire.

C'est, persuadés de notre incapacité à dire et à penser Dieu, mais animés par le désir et le besoin vital de s'approcher de lui, que nous pourrons, au-delà même de l'œcuménisme entre chrétiens, nous ouvrir à un dialogue plus large encore.

RENCONTRE AVEC LE MONDE AGNOSTIQUE ET ATHÉE

Nos pays connaissent heureusement un brassage de plus en plus grand de cultures et de races. Comme chrétiens, nous sommes ainsi amenés à côtoyer et connaître agnostiques et athées. On découvre ainsi la richesse d'humanité de celles et ceux qui, à partir d'une autre philosophie de l'existence, participent aux mêmes grandes valeurs et solidarités humaines.

La rencontre de ceux qui disent ignorer s'il y a un Dieu (les agnostiques) ou de ceux qui nient l'existence de Dieu (les athées) pose des questions à notre foi. Interrogations utiles, fructueuses, même si elles peuvent être parfois troublantes, dérangeantes.

Elles nous font d'abord découvrir que nous sommes loin d'être les seuls à avoir un souci d'entraide et de solidarité, et qu'il est possible et utile de nous engager ensemble dans les grands combats pour la justice et la paix.

Dans ces rencontres, il faut accepter de se reconnaître vulnérable. Comment, sans cela, s'ouvrir à l'autre, différent, animé d'une recherche de sens qui lui est propre ? Ses mises en question peuvent être éprouvantes ; elles sont la condition d'un dialogue en vérité.

Ces contacts et collaborations nous amènent souvent à mieux discerner dans notre foi chrétienne ce qui est essentiel et vital, à côté de bien des aspects plus accessoires, qui se sont accumulés au cours de vingt siècles de christianisme.

Ainsi s'établissent des échanges qui permettent aux uns et aux autres, chrétiens comme agnostiques ou athées, d'approfondir dans l'écoute et le respect mutuel leur propre philosophie de l'existence. Divers sont en effet les chemins de vie, dans une même recherche de l'essentiel. Au-delà des clivages anciens, faits de beaucoup de méconnaissances réciproques, des rapprochements s'établissent dans la confiance. L'occasion nous est ainsi donnée de dépasser de part et d'autre tant de malentendus et d'incompréhensions.

De la décantation de notre foi au contact de ceux qu'anime une autre conception de l'existence se dégage en nous une liberté nouvelle, qui permet de mieux affronter les grands appels de notre époque.

POUR UN FONCTIONNEMENT DÉMOCRATIQUE DE L'ÉGLISE CATHOLIQUE

La démocratie est un régime politique au sein duquel les citoyens sont appelés à désigner et à contrôler le pouvoir. Ils ne sont plus de purs objets soumis à l'arbitraire, mais deviennent sujets responsables. Autrement dit, des personnes vivant en commun prennent en main leur avenir individuel et collectif et souscrivent entre eux un contrat social. Le vote est l'expression d'un tel contrat et l'instrument de ce contrôle.

Comme nous l'apprend l'histoire, l'Église s'est méfiée de la liberté et de la responsabilité du peuple. Elle a évolué et estime aujourd'hui qu'il est conforme à la nature de l'homme de prendre librement et activement part à la gestion des affaires publiques et à l'élection des gouvernants. Les évêques de France ont déclaré que la démocratie était le modèle de gouvernement le plus « humanisant ».

Pourquoi alors l'Église n'applique-t-elle pas ce modèle à son organisation interne ? Parce que, répond-on, l'Église n'est pas une démocratie. Certes, aucun régime politique ne peut rendre compte de l'Église comme société de salut et de grâce, dont le Christ est le seul Maître et Seigneur, pas plus la monarchie que la démocratie. C'est cependant dans le modèle monarchique qu'elle a puisé bien des éléments de sa structure.

Si l'Église n'est pas une démocratie comme une autre, elle est tenue à un fonctionnement vraiment démocratique. En effet, c'est dans son fonctionnement et sa structure qu'elle donne à voir quelque chose de sa réalité spirituelle. Or, il y a une profonde connivence entre les vertus démocratiques et les vertus évangéliques. Les principes de liberté, d'égalité et de fraternité ne contredisent en rien l'Évangile. La démocratie n'est pas une anarchie ; un peuple démocratique n'est pas une masse informe, soumise à ses pulsions ; il se donne les règles de son agir. Les droits et les constitutions obéissent à une exigence éthique : ne pas faire de la violence ou de la force l'instance dernière des relations humaines. Pour le peuple des baptisés, la requête démocratique est un impératif de la fraternité. La communauté chrétienne se reconnaît comme un peuple de frères et de sœurs, convoqués par le même Père. Les sources de l'Église sont apostoliques donc collégiales, ce qui la met à distance de tout régime monarchique. L'Esprit est répandu sans réserve sur la communauté des croyants et non seulement sur quelques privilégiés, ce qui fonde la responsabilité de tous, à tous niveaux. Même la parité, élément de la démocratie devenu incontournable dans nos sociétés modernes, n'est pas étrangère à l'Évangile qui nous dit que des femmes aussi suivaient Jésus. Elles ont eu des rôles importants dans l'Église primitive et elles reçoivent le même baptême que les hommes, assorti des mêmes droits.

On imagine trop souvent que, dans une démocratie ecclésiale, le peuple remplacerait Dieu. Mais, dans une démocratie civile, personne n'est censé occuper le lieu du pouvoir, celui-ci n'est occupé que par désignation, provisoirement et symboliquement. Personne n'a un accès immédiat à la vérité, on ne s'approche d'elle que par le jeu du débat et de la communication. Dans une démocratie ecclésiale, nul n'a le droit de se mettre à la place de Celui qui fonde toute vérité. La place doit demeurer vide sous peine d'y voir régner une idole.

L'Église ne peut s'enfermer dans le passé où les principes monarchiques lui ont paru plus convenables à un bon gouvernement. L'appel de la démocratie s'adresse directement à elle et engage sa propre crédibilité.

TOUS SAINTS !

La Toussaint évoque cette foule immense que personne ne peut dénombrer, rappelant que l'humanité est constituée de tous ces hommes, de toutes ces femmes qui nous ont fait profiter de leur travail, de leur talent, de leur courage, de leur croyance ou de leur foi au Christ. La fête de Toussaint est comme un ciel étoilé que l'on admire par une belle nuit d'été. Certaines étoiles brillent plus que d'autres, mais toutes continuent de nous faire parvenir leur lumière.

Au cours des siècles, tant d'êtres humains ont été épris de justice et de paix, et se sont battus pour la libération de leurs semblables ! Ils avaient fait le rêve de l'égalité entre les humains et, dans cet espoir, ils n'ont pas craint de risquer leur vie. Qu'il s'agisse de Gandhi ou de Martin Luther King.

Tout au long de l'histoire, des témoins se sont levés avec une commune passion de l'homme et de Dieu. Ils ont manifesté un amour sans bornes auprès des plus démunis.

Il y a la foule immense des anonymes qui ont vécu avec simplicité et au service des autres, souvent à travers des épreuves et des échecs. Dans cette foule, il y a les défunts de nos familles qui font partie de la communion des saints.

Mais l'humanité est aussi constituée de tous ceux et de toutes celles qui viendront après nous. Nous avons un héritage à leur transmettre. Les Béatitudes proclamées le jour de la Toussaint ouvrent un chemin de bonheur et d'espérance. Elles ont besoin d'être portées et vécues aujourd'hui. Dans la foule immense, nous rencontrons des femmes et des hommes avec un cœur de pauvre, assoiffés de justice, artisans de paix, pleins de compassion. Heureux sont-ils !

Ils nous entraînent dans une aventure dont nous sommes les relais.

TABLE DES MATIÈRES

L'HARMATTAN, ITALIA
Via Degli Artisti 15 ; 10124 Torino

L'HARMATTAN HONGRIE
Könyvesbolt ; Kossuth L. u. 14-16
1053 Budapest

L'HARMATTAN BURKINA FASO
Rue 15.167 Route du Pô Patte d'oie
12 BP 226 Ouagadougou 12
(00226) 76 59 79 86

ESPACE L'HARMATTAN KINSHASA
Faculté des Sciences Sociales,
Politiques et Administratives
BP243, KIN XI ; Université de Kinshasa

L'HARMATTAN GUINEE
Almamya Rue KA 028 en face du restaurant le cèdre
OKB agency BP 3470 Conakry
(00224) 60 20 85 08
harmattanguinee@yahoo.fr

L'HARMATTAN COTE D'IVOIRE
M. Etien N'dah Ahmon
Résidence Karl / cité des arts
Abidjan-Cocody 03 BP 1588 Abidjan 03
(00225) 05 77 87 31

L'HARMATTAN MAURITANIE
Espace El Kettab du livre francophone
N° 472 avenue Palais des Congrès
BP 316 Nouakchott
(00222) 63 25 980

L'HARMATTAN CAMEROUN
Immeuble Olympia face à la Camair
BP 11486 Yaoundé
(00237) 99 76 61 66
harmattancam@yahoo.fr

L'HARMATTAN SENEGAL
« Villa Rose », rue de Diourbel X G, Point E
BP 45034 Dakar FANN
(00221) 33 825 98 58 / 77 242 25 08
senharmattan@gmail.com

632468 - Décembre 2015
Achevé d'imprimer par

1livre.com
du rêve à la réalité !